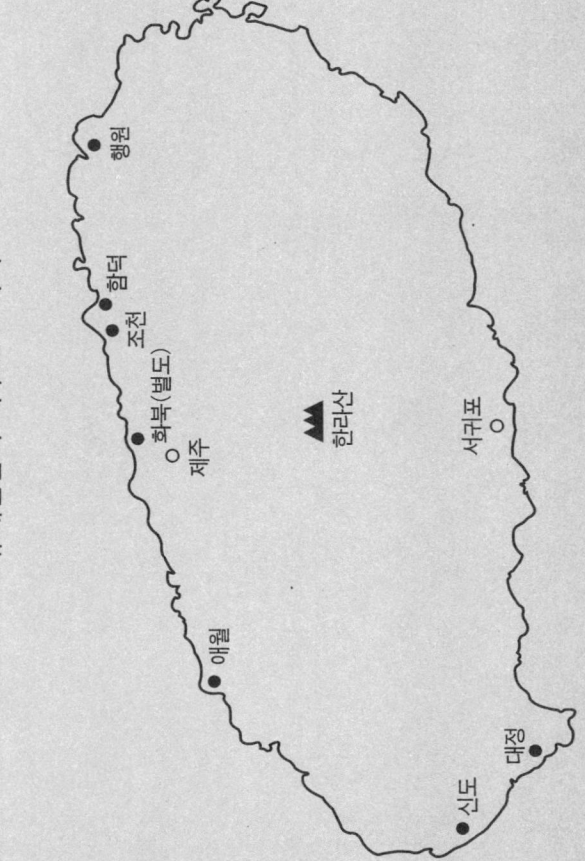

문지스펙트럼

문화마당
―――――
4-015

그 섬에 유배된 사람들
── 제주도 유배인 열전

양진건

문학과지성사

문화 마당 기획위원

오생근 / 정과리 / 성기완

문지스펙트럼 4-015

그 섬에 유배된 사람들
── 제주도 유배인 열전

지은이 / 양진건
펴낸이 / 김병익
펴낸곳 / 문학과지성사

등록 / 1993년 12월 16일 등록 제10-918호
주소 / 서울 마포구 서교동 363-12호 무원빌딩 4층 (121-210)
전화 / 편집부 338)7224~5 · 7266~7 팩스 / 323)4180
영업부 338)7222~3 · 7245 팩스 / 338)7221
유니텔 · 천리안 · 하이텔 / mjline
인터넷 / www.moonji.com

제1판 제1쇄 / 1999년 10월 18일
제1판 제2쇄 / 1999년 11월 29일

값 5,000원
ISBN 89-320-1109-5
ISBN 89-320-0851-5

ⓒ 양진건
지은이와의 협의에 의해 인지는 생략합니다.
이 책의 판권은 지은이와 문학과지성사에 있습니다.
양측의 서면 동의 없는 무단 전재 및 복제를 금합니다.

잘못된 책은 바꾸어드립니다.

그 섬에 유배된 사람들
―제주도 유배인 열전

책머리에

 유배란 중죄인들을 멀리 보내 쉽게 돌아오지 못하게 하는 형벌을 말한다. 정치의 역사는 정치적 추방 및 격리와 불가분의 관계를 맺게 마련인데 유배지란 다름아닌 추방과 격리를 위해 선택된 최적의 장소였다. 최고의 휴양 관광지인 제주도가 감금의 최적지였다는 사실은 아무래도 아이러니다.

 1998년에 돌아본 샌프란시스코 만 내의 앨카트래스 섬은 1963년까지 연방 교도소가 있던 곳으로서 악마의 섬이라 불려졌다는 사실이 믿기지 않을 정도로 아름다운 섬이었다. 나는 이곳에서도 제주도에서와 같은 수상한 느낌을 맛볼 수 있었다. 내가 이 책을 쓰게 된 직접적인 동기도 유배지에서나 맛볼 수 있는 이런 아주 묘한 배반적 느낌 때문이었다.

 유배인들에게 있어서 제주도에서의 유배 생활은 죽음보다 더 괴로운 비운의 시간이었다. 이제 그들의 미래는 죽음 외에는 달리 선택의 여지가 없는 자기 상실을 처절히 실감하게 된다. 그런데 아이러니컬한 것은 그들은 그럴수록 누구보다도 군왕에 대해 충성을 간절하게 표현한다는 사실이다. 물론 이 같은 표현 속에는 다시 추천되기를 바라는 뜻이 담겨 있다. 그러기에 그 표시는 특별한 뜻이기보다 그들의 관례적인 감상이라고 할 수 있다. 이 말은 그들의 충성심에 문제가 있다는 뜻이 아니라 충성의 표시라는 것이 결국은 자신들의 처지를 달래기 위한 관례적인 메커니즘이라는 의미다.

경우야 좀 다르지만 이 같은 특징은 내가 찾아본 앨카트래스 섬을 배경으로 만든 영화에서도 잘 나타나고 있었다. 특히 버트 랭커스터 주연의 「앨카트래스의 조류 사육사」라는 오래 전의 흑백 필름은 다소 이분법적이기는 하지만 '갇힘'과 '풀림' 또는 '절망'과 '승리'라는 유배의 이율배반성을 잘 처리한 작품이다. 이 같은 유배의 이율배반을 설명하려면 보다 진전된 논의가 필요하겠지만 일차적으로 나는 제주도 유배인들의 배경과 활동을 간단하게나마 정리해봄으로써 그러한 논의를 가능하게 할 수 있는 계기를 만들어보고자 하였다.

유배 문학을 전공하신 아버님 덕에 나는 일찍부터 유배에 대해 관심을 가질 수 있었다. 나의 오늘이 있기까지 아버님의 덕이 미치지 않은 곳이 어디 있겠는가만은 지방 교육사에 대해 학문적 노력을 경주하면서부터 나의 주제도 유배라는 문제와 불가분의 관계를 맺을 수밖에 없었다. 그것은 부자의 정을 위해서나 부자의 학문적 관계를 위해서나 참으로 행복한 일이었다. 그간의 나의 노력이라는 것이 아버님 일평생의 연구 성과나 자료 축적에 무임 승차했다는 혐의를 벗어날 수는 없었지만 그런 탓에 정작 예기치 않은 아버님의 타계에도 불구하고 유배라는 주제를 지속적으로 문제화할 수 있어 얼마나 다행스러운지 모를 일이었다. 그러나 아버님의 학문적 화두가 이제 나의 과제로 되기는 했지만 무능과 게으름으로 주제의 탐구는 진전되지 못한 채 아버님의 성과만을 욕되게 하고 있는 것은 아닌가 자책만 클 뿐이다.

우선 아버님이 타계하신 뒤 외로움과의 힘든 싸움을 하시는 어머님께 이 책을 드리고 싶다. 그리고 늘 나의 버팀목이 되어주는 든든한 가족들과 형제들, 평소 나를 격려해주고 아껴주는 주위의 여러분들, 특히 金·梁 두 형님께 깊은 고마움을 전하고 싶다. 어려운 사정에도 불구하고 두번째 출판의 인연을 맺게 해주신 문학과지성사 여러분들께 고마움의 인사를 빠뜨린다면 사람의 도리가 아닐 것이다.

1999년
가을이 가득한 제주도에서
양진건

차례

책머리에 / 7

제1부 유배, 그 고단한 여정

유배지, 제주도 / 15
유배의 이해 / 17
유배의 성격 / 22
유배의 길 / 26
유배의 심리 / 31

제2부 유배된 사람들

태조 시대 / 41
태종 시대 / 49
예종 시대 / 56
연산군 시대 / 58
중종 시대 / 69
명종 시대 / 83

선조 시대 / 89
광해군 시대 / 97
인조 시대 / 120
현종 시대 / 133
숙종 시대 / 139
경종 시대 / 157
영조 시대 / 163
정조 시대 / 179
순조 시대 / 187
헌종 시대 / 192
철종 시대 / 204
고종 시대 / 208
순종 시대 / 226

부록 / 233

제1부
유배, 그 고단한 여정

유배지, 제주도

제주도.

독특한 문화와 태고의 신비가 서려 있는 신들의 고향.

오늘날 자연 경관이 수려한 휴양 관광지로 국내외의 주목을 받고 있는 제주도가 한 세기 전만 하더라도 고독과 빈궁의 유배지로서 자괴와 신음으로 뒤범벅이던 절망과 죽음의 땅이었다는 사실을 실감할 수 있는 사람은 그리 많지 않다.

조선 시대 정치사의 부침과 함께 많은 사람들이 외로움과 피울음으로 절망하던 제주도. 어느 나라를 불문하고 정치의 역사는 정치적 추방 및 격리와 불가분의 관계를 맺게 마련이다. 따라서 어느 나라나 보다 효과적인 정치적 추방과 격리를 위한 최적의 유배지를 갖고 있게 마련이었는데 그 대부분이 섬이었다.

이를테면 제주도와 흔히 비교되는 하와이만 하더라도 그 대표적인 8개의 섬 가운데 가장 작은 카호올라웨 섬은 하와이 왕조의 유배지로, 주로 가톨릭 신자를 추방하는 곳으로 사용되었다. 그리스의 밧모 섬은 「묵시록」의 저자인 요한이 로마의 도미티아누스 박해 시대 때 유배되었던 곳이다. 그런가 하면 중국의 해남도(海南島)는 소동파가 유배되었던 곳이며 프랑스의 세인트 헬레나 섬은 나폴레옹 1세가 유배되었던 곳이다.

한반도의 그 많은 섬 가운데 제주도는 조선 시대에 들어서면서 정치적 추방 및 격리를 위한 최적의 유배지로 각광을 받았다. 조선의 수많은 지식인들을 감금시켰고 유폐시켰던 유배의 섬, 제주도. 오늘날 신혼 여행지로 각광을 받고 있는 제주도가 절망과 외로움으로 뒤범벅인 채 죽음만을 기다리는 땅이었다는 사실은 아무래도 문명사의 아이러니라고 할 수밖에 없다.

유배의 이해

 유배란 중죄인들을 멀리 보내 쉽게 돌아오지 못하게 하는 형벌을 말한다. 즉 즉결 추방인 셈이다. 유배 대신 귀양이라는 말이 쓰이기도 했는데 청주 지방 베틀 노래 가운데 "월궁에 놀던 선녀, 옥황님께 죄를 지어, 인간 세계에 귀양 와서"라는 구절이 있는 것을 보면 민가에서는 유배보다 귀양이라는 말이 더 익숙했었던 것 같다. 제주도에서도 유배인을 '귀양다리'라고 하였다.

 귀양은 벼슬을 버리고 향리로 돌아간다는 뜻인 귀향(歸鄕)에 뿌리를 둔 말이다. 처음에는 자리에서 쫓아낸다는 뜻으로 사용되었다가 점차 형벌의 의미를 지니게 되면서 결국은 죄명을 뒤집어씌우고 멀리 쫓아낸다는 말로 사용되었다. 따라서 죄인을 귀양보내는 형벌을 유배라고 이해하면 좋을 듯하다.

 이러한 유배 제도는 그 기원은 정확지 않지만 고대 사회에서도 적지 않았던 것으로 보인다. 『삼국사기』의 기록으로 미루어보아 삼국 시대부터 행해졌던 것 같으며 실제 법제화가 된 시기는 탐라국이 고려에 완전 편입되어 일개 군현 체제를 갖추게 된 고려 시대부터였다. 고려는 원나라의 법을 따랐지만 고려말에 이르러 명나라의 정치 세력이 확장됨에 따라 명의 형률을 따르게 되고 이것이 조선조에 와서 본격적으로 실시되었다.

고려를 복속시킨 원나라는 삼별초 정벌 직후 제주도를 그들의 직할지로 삼아 몇 차례 도적과 죄인들을 유배 보냈을 뿐 아니라 심지어는 왕족과 관리, 승려까지도 유배를 보냈다. 원나라의 뒤를 이은 명나라도 원나라의 세력이 최후까지 남아 있었던 운남을 평정한 후 그들을 제주도에 유배시키기도 하였다.

물론 고려 조정에서도 제주도를 유배지로 이용하기는 하였지만 제주도가 유배지로 본격적인 역할을 한 시기는 아무래도 조선에 들어서면서부터였다고 할 수 있다. 조선에 와서 정치가 철저히 우승투쟁(優勝鬪爭)화하면서 상대방을 추방 또는 격리시키기 위한 장치로 활발하게 유배 제도가 이용되었는가 하면 나아가 통치 이데올로기였던 성리학을 완성시키기 위한 기능으로 활용되었던 것이다.

조선은 창건 이후 체제 안정을 위해 형률을 정비하게 되는데 그 큰 원칙은 대명률(大明律), 즉 명나라의 형률에 의거하여 사형(死刑) · 유형(流刑) · 도형(徒刑) · 장형(杖刑) · 태형

(笞刑) 등 다섯 가지 형벌로 나누었다.

이 가운데 유배를 보내는 유형은 중죄를 범한 자에게 사형을 집행하지 않고 원격지로 보내어 종신 귀환하지 못하게 하는 형벌(流配謂人犯重罪刑殺流法遠方終法遠方終身不得回歸)이었다. 특히 조선 시대의 유배는 1년 이상의 징역형을 받은 국사범들에게 해당되었으며 사형 완화법으로 주로 이용되었다.

일반적으로 죄의 경중에 따라 유배지의 원근 거리가 책정되었고 형기는 원칙적으로 무기 종신이었다. 유배인은 사형에서 감일등(減一等)된 죄인으로서 그들의 성분은 대개가 정치범이었다. 그들은 사면령이 내리든가 정치 정세의 변동이 일어나든가 하지 않으면 일생 귀향할 수 없었다.

유배는 거리에 따라 2천 리, 2천 5백 리, 3천 리 등 3등급으로 구분하여 죄인을 황폐한 불모의 벽지나 해변의 마을로 보냈다. 그런데 여기에는 반드시 곤장으로 볼기를 치는 장형이 함께 이루어졌다. 장 100이란 곤장으로 볼기를 100대 친다는 말이다.

한국 전통 문화의 백과 사전이라고 할 수 있는 『증보문헌비고』에는 유형을 세분화하여 장 100에 유 2천 리, 장 100에 유 2천 5백 리, 장 100에 유 3천 리, 장 100에 천도(遷徒), 장 100에 충군(充軍), 장 100에 변원(邊遠) 충군, 장 100에 수군(水軍) 충군, 도배(徒配), 장 100에 정배(定配), 무기(無期)

정배, 장 100에 원지(遠地) 정배, 변원(邊遠) 정배, 극변(極邊) 정배, 장 100에 절도(絶島) 정배, 감사(減死) 정배, 위노(爲奴) 등으로 구분하였다.

그런데 국토가 넓은 중국에서는 이런 거리 규정이 적용 가능하였지만 국토가 좁은 조선에서는 이를 따를 수 없어 곡행(曲行)이라는 편법이 사용되기도 했다.

3천 리를 보내긴 해야겠는데 땅이 비좁은 관계로 구불구불 왔다갔다 합산해서 3천 리를 채우자는 궁여지책이었다. 궁여지책이긴 하지만 어떻든 묘안인 셈이다. 정조 시대 김약행(金若行)이 그 대표적인 예다.

그는 원래 3천 리 유배형을 받아 기장에 유배될 예정이었다. 그러나 한양에서 기장까지는 970리밖에 안 되어 3천 리 유배를 엄격히 실시해야 한다는 여론 때문에 기장부터 강원도 평해까지 다시 평해에서 함경도 단천까지를 합하면 3천 리가 됨에 따라 곡행케 하여 단천에 유배되었다.

이런 문제를 해결하기 위하여 세종 때 들어 각도를 기준으로 3천 리, 2천 5백 리, 2천 리 등 3등급에 해당되는 유배지가 결정되었다. 즉 범죄인의 거처지를 표준으로 하여 유형의 등급에 따라 보내야 할 지방을 지정하였던 것이다. 이를테면 한양과 경기도에서 보내는 3천 리 유배의 경우는 경상·전라·함경·평안도 안에서 30식(息) 밖에 있는 해변의 여러 고을로 보내는데 1식은 30리를 말한다. 또한 강원도에서 보내는 3천 리 유배의 경우는 전라·경상우도·황해도 해변의 여러 고을로 보내기로 하는 등 여러 지방을 유배지로 규정하였다.

그러나 유배는 지방에서보다 중앙에서 왕명에 의해 주로 정치범에게 적용되었던 형벌이므로 그때그때의 정치 상황이나 죄인의 신분차 혹은 죄의 경중에 따라 유배지가 결정되었으며 때로는 다른 곳으로 옮기는 경우도 있어서 죄에 따른 유배지 결정이란 것이 고정불변한 것은 아니었다. 더욱이 조선 중기에 들어 당쟁이 치열해지면서부터는 변경이나 내륙 지방으로의 유배는 극소수였고 섬으로의 유배가 대부분이었다.

섬으로는 강화도나 백령도 등 한양에서 멀지 않은 곳들도 있기는 하지만 왕족 등 특수한 예를 제외하고는 이곳에 유배되는 경우는 드물었고 대부분 전라도·경상도·평안도 연해에 위치한 섬에 유배되었다. 그 중에서도 제주도를 비롯하여 흑산도·진도·고금도·완도 등 전라도 연해의 여러 섬들이 그 대상지로 많이 이용되었다.

이 가운데서도 제주도야말로 3천 리 유배의 상징적인 대상지로 대표적인 역할을 하였다. 그래서 시인 고은은 3천 리 유배지라는 실감을 위해 제주도에 가려면 배를 타야 한다고 누누이 강조했는지도 모르겠다.

유배의 성격

유배는 성격에 따라 3가지로 구분되는데 환도(還徒)·부처(付處)·안치(安置)가 그것이다.

환도란 범죄인을 고향에서 천리 이상 떨어진 곳으로 강제 이주(遷離鄕土—千里外)시키는 형벌이다. 이는 남에게 피해를 주는 자를 사회로부터 격리시키는 데 목적이 있었다.

전가도변(全家徒邊)이라고 하여 일가족 모두를 이주시키는 경우도 있는데 죄가 부모와 형제, 처자 등 이른바 삼족에 미친다는 삼족연좌제·가족연좌제의 일종이다. 중종 때부터 실시된 이 연좌형이 너무 가혹하다 하여 그 후 여러 차례 개정되었다.

부처는 중도부처(中途付處)의 준말로 주로 관원들에게 내려졌던 형벌로서 유배지 관내 수령에게 유배인 관리에 대한 재량권을 일임하였다.

안치는 유배인의 거주를 일정한 장소에 제한시키는 것으로 본향안치(本鄕安置)·절도안치(絶島安置)·위리안치(圍籬

安置)가 있다. 본향안치는 말 그대로 유배인을 고향에 유폐시키는 것으로 죄질이 가장 가벼운 사람에게 적용되었던 형벌이다.

유배 중에 가장 가혹한 조치인 절도안치는 중죄인을 원악(遠惡)의 도서에 유폐시키는 형벌이다. 그런데 이러한 절도안치를 일반적으로 도배(島配)라고 하였고 도배가 아닌 경우는 원배(遠配)라고 하였다. 도배냐 원배냐 하는 것은 순전히 정책적 고려에 따라 결정되었다. 이런 의미에서 조선의 유배형은 즉흥적이었다는 비판을 받게 된다.

조선 시대는 골육상잔(骨肉相殘)의 당쟁 때문에 정치 권력을 유지하기 위한 방책으로 유배가 활용되었고 더욱이 원배보다 도배로서 절도안치가 선호되었다. 원래 제주도에는 "죄명이 특히 무거운 자가 아니면 정배되지 않는다" 혹은 "제주목에는 특별한 교지가 없으면 정배되지 않는다"라고 『대전회통』에 규정하여 특히 제주도의 유배를 조심스럽게 다루었지만 당쟁이 격화되던 조선 중기부터 남용되기 시작했다.

그런가 하면 위리 혹은 가극(加棘)안치는 중죄인에게 적용되었는데 집 주위에 울타리를 치거나(圍籬), 가시 덤불을 쌓고 그 안에 유배인을 유폐시킴으로써 죄인의 중연금 상태를 내외에 상징하는 조치였다. 가시 울타리로 쓰였던 탱자나무 서식지가 전라도 연안과 제주도였기 때문에 이 지역에서 주로 취해졌던 형벌이다. 원래 유배인이 원하면 유배 기간 동안 자신을 돌보아줄 수 있는 가족의 동반이 가능했지만 위리안치만은 그것이 불가능(不可與家屬混處)했다.

그래서 그 외로움과 절망의 정도가 어느 형벌보다 심했음을 짐작할 수 있다. 그런데 위리안치는 상징적인 조치였기 때문에 유배인의 행동 범위를 실제 가시 울타리 안으로만 제한했던 것은 아니었다. 유배인의 감시 책임은 관내의 수령이었던 까닭에 수령의 성격이나 재량권 활용에 따라 대개는 형식에 그치는 수가 많았다.

제주대학교에서 평생 유배 문학을 연구하다 돌아가신 선친의 조사를 보면 조선조 5백 년을 통하여 제주도에 유배되었던 사람의 수는 대략 200여 명으로 추정하고 있다. 그런데 이를 계급적으로 구분해볼 때 조선조 대표적 지식인 4,000여 명 가운데 유배인은 대략 700여 명이며 이들이 유배된 지역은 대략 240여 군데이고 이들 중 전라남도에 유배된 사람은 178명으로 그들 가운데 49명이 제주도에 왔고 제주도에서도 대정현에 34명이 유배되었으며 진도 27명, 흑산도 15명 등으로 보고하고 있다.

제주도에는 신임과 같이 84세의 최고령자가 유배되었는가 하면 소현 세자의 3남인 석견은 4세로 최연소 유배되었다. 유배인의 신분도 위로는 광해군을 비롯한 왕족과 외척·문무 양반·학자·승려·환관이 있는가 하면 도적과 북방의 국경을 넘다 잡힌 범인 등에 이르기까지 각계각층이었다.

조선 왕조는 제주도와 전라남도의 다도해를 지식인 추방을 위한 최적지로 십분 활용했었다. 다도해를 들르게 되면 그 풍광에만 현혹되지 말고 그 많고 많은 섬들이 사회로부터의 단절과 역사로부터의 고립을 극복하기 위한 조선 지식인들의 삶과 죽음의 뜨거운 현장이었음을 상기해보는 것도 좋을 것이다.

이렇게 제주도나 진도·흑산도 등 다도해의 여러 섬에 유배시키는 것을 절도안치라고 하는데 중죄인에 대한 응징의 조치로 망망대해 외로운 섬에다 죄인을 격리시키는, 유배형 가운데서도 가장 가혹한 벌이었다.

유배의 길

 제주도는 본토와는 격리된 절해고도라는 지리적 여건으로 인해 유배지로는 최적지였다. 이중환은 『택리지』에서 제주도에 대해 다음과 같이 언급하였다.

 제주읍 동쪽과 서쪽에 있는 정의·대정 두 고을은 풍속이 제주와 대략 같다. 목사와 두 고을 수령이 예로부터 본토에서 왕래하였으나 풍파에 표류하거나 빠져 죽은 일이 없고, 또 조정에 벼슬하던 사람이 많이 여기에 귀양왔으나 또한 풍파에 떠밀리거나 빠진 일이 없었다. 이곳은 왕의 덕화(德化)가 멀리서 미쳐서 온갖 신(神)이 받들어 순응하였음인 줄을 알 수 있다.

 그런데 벼슬하던 사람들이 제주도에 유배를 많이 왔었다는 말은 맞지만 그들이 "풍파에 떠밀리거나 빠진 일이 없었다"는 부분은 잘못된 것이다. "제주는 해로가 무려 9백 리로 중죄대벌(重罪大罰)이 아니면 굳이 유배되지 않는다. 조야

(朝野)가 모두 파도 때문에 이곳을 두려워한다"는 말들이 일반적이었고, 제주목에 유배시키는 죄인을 실은 배가 표류하여 행방을 찾을 수 없다는 전라도 관찰사나 제주 목사의 보고가 적지 않았던 사실만을 미루어보더라도 표류당하는 일이 많았음을 알 수 있다. 사실 당시의 선박 사정으로 볼 때 제주 해협을 건너기란 그렇게 용이한 일이 아니었다.

유배인이 탄 배는 대개 전라도 해남·강진·영암 등지에서 출발한 후 보길도나 소안도·진도를 거쳐 제주 별도포(화북)에 도착하는 것이 상례였다. 그것은 별도포가 유배인이 제주도에 도착한 후 제주목으로 인계하는 가장 가까운 곳에 위치하고 있었기 때문이다. 그러나 풍향과 조류 관계 때문에 도착지가 일정한 것은 아니었다.

강영은 함덕포로 도착하였고, 김만희는 애월포로, 이세번은 신도포로, 김춘택은 조천관으로, 조관빈이나 김정희는 별도포로, 광해군은 어등포(행원)로 도착하는 등 그 지점이 다양하였다. 일단 포구에 도착하면 적거지로 결정된 제주목이나 정의현 또는 대정현으로 이동하게 되는데 이 가운데서도 대정현이야말로 최악의 유배지였다.

김정희가 둘째 아우 김명희에게 보낸 편지를 보면 제주도 유배의 전과정이 소상하게 그려져 있다. 참고로 김정희의 제주도 유배 출발지는 전라도 강진이었으며 제주도 도착 포구는 별도포였고 최후의 적거지는 대정현이었다.

내가 떠난 그날은 행장을 챙겨서 배에 오르니 해는 이미 떠올랐었네. 본래 그 배가 다니는 데는 북풍으로써 들어가고 남풍으로써 나오지만, 동풍도 역시 들고나는 데는 모두 이롭다고 하더군. 이번에는 동풍으로 들어가는데 갈수록 풍세가 더욱 순조로워서 정오경에는 바다의 거의 삼분지 일이나 지나갔었지. 오후에는 풍세가 자못 맹렬하고 날카로워져서 파도가 일렁거리고 배가 따라서 오르내리니 배를 처음 타본 여러 사람들은 금오랑 이하 우리 일행에 이르기까지 그 사이에 어지러워서 얼굴빛을 바꾸지 않는 사람이 없었네. 그런데 나는 종일 뱃머리에 있으면서 나 혼자서 밥을 먹고 키잡이나 뱃사공들과 더불어 고락을 함께하여 바람을 타고 파도를 헤치려는 뜻이나 있는 것같이 하였네. 이 죄 많은 사람을 돌아보건대 감히 스스로 옹골차다고 할 수 있겠는가. 오직 임금님의 신령스러운 힘이 멀리 미친 것이며 하늘이 역시 가련히 여기시어 내려주신 것인 듯하네. 저녁놀이 질 무렵에 곧장 제주도의 화북진 아래에 도착하니 이곳은 곧 배를 내리는 곳이었네.

제주도 사람으로 와서 본 사람들은 북쪽에서부터 온 배가 날라 건너왔다고 생각하지 않는 사람이 없었으니 해 뜰 때 배가 떠나서 석양에 도착한 것은 육십 일 동안에 보지 못한 일이었다고 하더군. 또한 오늘의 풍세로 배를 이와 같이 부릴 수 있었다는 것 역시 생각지도 못한 일이라고 하네. 나 역시 스스로 이

상스럽게 생각하는데 알지 못하는 속에서 또 한 가지 위험을 쉽게 지난 것이나 아닌지 모를 일일세.

배가 정박한 곳으로부터 주성까지는 10리가 되므로 그대로 진(鎭) 밑의 민가에서 머물러 자고 다음날 아침 성으로 들어가서 아전 고한익의 집에 주인을 잡았네. 이 아전은 곧 앞에 나와서 기다리던 이방이니 뱃속에서부터 같이 고생하며 왔는데 그 사람이 지극히 아름답고 또한 마음을 다하여 정성을 보내는 뜻이 있어서 역시 궁한 길에서의 감격할 만한 곳이었네.

대정은 제주성에서 서쪽으로 팔십 리 떨어져 있는데 그 이튿날은 크게 바람이 불어서 앞으로 나아갈 수가 없었다네. 또 그 다음날은 곧 초하루인데 바람이 그친 까닭으로 드디어 금오랑과 더불어 길을 올랐지. 길의 반쯤은 곧 모두 돌길이라서 사람과 말이 비록 발붙이기가 어려웠지만 반이 지나자 조금 평평하여지더군. 그리고 또 밀림의 무성한 그늘 속을 지나는데 겨우 한 가닥 햇빛이 통할 뿐이나 모두 아름다운 나무들로서 겨울에도 푸르러서 시들지 않았으며 간혹 단풍 든 수풀이 있어도 새빨간 빛이라서 또한 육지의 단풍잎들과는 달랐네. 매우 사랑스러워 구경할 만하였으나 엄한 길이 매우 바쁘니 무슨 흥취가 있겠으며 하물며 어떻게 흥취를 돋울 수가 있었겠는가. 대체로 읍에 도착하니 읍은 말(斗)만큼이나 작더군.

편지에서 읽을 수 있듯이 김정희는 다른 사람들에 비해 비교적 순탄한 항해를 했음을 알 수 있다. 그런가 하면 유배될 때는 죄수 압송관으로 의금부 도사(都事) 금오랑(金吾郎)이 동행을 하였고, 도배의 왕명이 내리면 해당 관아의 아전은 죄수 압송의 왕명을 맞아들이기 위하여 육지까지 나와서 기다렸다가 함께 배를 타고 인도하는 것이 상례였음도 편지 내용을 통해 알 수 있다.

유배의 심리

 조선은 건국 초기부터 유교 입국의 정책을 강하게 밀고 나간 결과 학설의 대립, 학문의 파벌을 잉태시켰고 그것은 나아가 당파의 파벌로 분화되어 정권 다툼으로 이어져 끝내는 피비린내 나는 사화나 당쟁 등의 당옥(黨獄)을 초래하게 됨에 따라 유배가 남발되었다.

 조선 시대 유배의 대부분은 지식인의 정치적 수난 고리인 당쟁이 그 원인이었다. 조선의 유배는 그 발생이 주로 정치적 생존 경쟁인 당쟁으로부터 기인했으며, 당쟁을 통해 정권 장악에 성공한 자들이 정치 권력을 유지하기 위해 취했던 행형의 산물이었다. 그렇기 때문에 유배와 조선 지식인의 정치적 수난은 대응 관계였다.

 조선 초기만 해도 유배는 통상 갑산이나 북청 또는 영흥·초산·강계 등에 원배로 그쳤다. 서울 근교의 교동은 왕족들의 유배지였으며 그 밖에는 충주나 상주 등 이른바 선지(善地)의 유배가 고작이었다.

그러다가 조선 중기 이후 당쟁이 격화되면서 변경이나 내륙으로의 유배 대신, 도배가 격증하였고, 특히 제주도를 비롯한 다도해의 여러 섬들이 일급의 유배지가 되었다. 이를 계기로 여러 섬들에는 당대의 유명한 선비들이 대거 유배되는데 그 수에 있어서 제주도는 단연 압도적이다.

이런 점에서 영조 33년(1757년) 오늘날의 도지사라고 할 수 있는 전라도 감사 이창수는 "유배인들이 제주목에 집중되어 있어 그들을 제주 3읍에 분배하였지만 그럼에도 불구하고 유배인들이 계속 늘어나자 제주 사람들이 매우 곤혹스러워한다"는 얘기를 전한다.

그런가 하면 조선 말기의 거물 유배인이었던 김윤식은 "제주목의 유배인들이 나날이 늘어나 마치 섬 전체에 가득 찬 것 같아 제주 사람들이 한편으로는 웃고 한편으로는 한탄한다"고 『속음청사』에 기록하고 있다.

분명히 "제주의 3읍에는 죄명이 특히 중한 자 이외는 유배시켜선 안 된다"고 법률로 못박기는 했지만 당쟁으로 도배가 빈번해지기 시작했고 이런 맥락에서 이제 조선 지식인들에게 있어서 유배라는 것은 그렇게 낯선 일이 아니었다. 어떤 의미에서 유배 체험이 없는 조선 지식인은 지식인으로서의 경력이나 조건을 갖추지 못했다고 말할 수 있을 정도였다.

다시 말해 어떤 사람들은 정치적 관습처럼 유배를 체험하는 일도 있었던 것이다. 조선의 지식인들은 그들의 정치 생활의 한 부분으로 유배를 받아들이는 일도 없지 않았다는 말이다. 이러한 이유에서 조선조의 선비들에게 있어 유배라는 것, 나아가 제주도 유배라는 것은 결코 자신과 무관한 일이 될 수 없었다. 오히려 그들에게 있어 유배라는 것은 때로 그들이 지향하는 삶의 가치나 규범과도 얽물려 있어 한편으로 염치와 명분의 징표가 되기도 하였다.

선비들의 유소(儒疏), 성균관생들의 권당(捲堂), 공관(空館)에서부터 언관(言官)과 사관(史官)들의 간언(諫言)과 직필(直筆) 등 세속적 명리나 일신의 평안을 결연히 버릴 수 있었던 태도들의 연장선상에 유배가 놓여 있었던 예는 비일비재하였다. 그렇기 때문에 모두가 그런 것은 아니지만 많은 유배인들이 자신이 처한 상황을 낯설어하거나 개탄해하지 않고 오히려 그 상황을 활용하여 창작 활동이나 교학 활동을 전개할 수 있었던 것이다.

원래 조선의 유배는 1년 이상의 징역형을 받은 국사범들에게 해당되었으며 일반적으로 사형 완화법으로 이용되었다. 사형 완화라고 해서 죽음을 면하게 되었다는 말은 아니다. 유배인들은 이제까지 경험하지 못했던 절망·고독·빈궁을 맛보게 됨으로써 사회로부터 고립되는 충격을 만나게 됨은 물론 언제라도 처형될 수 있었기 때문에 오히려 죽음보다 더한 고통을 실감한다는 편이 옳을 듯하다.

특히 제주도로 유배되는 경우는 거의 종신형이나 다를 바 없었다. 물론 유배형에 있어서 일정한 기한이 정해져 있었던 것은 아니었다. 단지 정치 정세의 변화에 따라 사면·석방되거나 타지로 옮겨졌을 뿐이며 때문에 제주도에서의 유배 생활은 죽음보다 더 괴로운 비운의 시간이었다.

따라서 제주도 유배인의 대부분은 현실의 집착을 거세당하고 그 어떤 종류의 희망도 갖지 못한 채 절망의 나락에 빠져든다. 이제 그들의 미래는 죽음 외에는 달리 선택의 여지가 없는 자기 상실을 처절히 실감하게 된다. 그들의 비분강개한 절망은 그 어떤 것으로도 대치할 수 없을 만큼 암담한 것이었다.

그런데 아이러니컬한 것은 유배인들은 비록 유배의 비운을 당할망정 누구보다도 군왕에 대한 충성을 간절하게 표현하였다는 사실이다. 바로 제주도의 관문이었던 별도포에 세워져 있는 연북정(戀北亭)은 유배인들이 왕궁을 향해 표현하던 변함없는 충성의 흔적이다.

제주시의 외곽 지역이었던 화북은 이제는 대규모로 개발된 탓에 유배인들의 비운과는 거리가 먼 동네가 되었지만 그래도 포구 근처에 버려져 있듯이 지금도 남아 있는 연북정에 올라가 멀리 시퍼런 제주 바다를 내다보노라면 분명 유배인들의 온몸을 동여매던 비운의 절망감을 실감할 수 있을 것이다.

이 같은 충성 표현 속에는 반드시 군왕이나 정치적 동료들

연북정. 고려 공양왕 23년(1374)에 건립되었는데 조망정(眺望亭)·쌍벽정(雙碧亭)으로도 불렸다. 합각 지붕이며 내부는 모두 개방되어 있고 지방 유형 문화재 3호로 관리되고 있다.

로부터 다시 추천되기를 바라는 뜻이 담겨 있다. 그러므로 이러한 충성의 표시는 특별한 뜻이기보다는 유배인들의 관례적인 감상이라고 할 수 있다. 이 말은 그들의 충성심에 문제가 있다는 뜻이 아니라 충성의 표시라는 것이 결국은 자신들의 처지를 달래기 위한 관례적인 메커니즘이라는 의미이다.

그런 충성을 드러내면 드러낼수록 그 자신의 억울한 처지, 비분강개 없이는 지탱할 수 없는 현실을 과장시켜줌으로써 철저하게 소외당한 자신을 달랠 수 있게 되는 것이다. 이를테면 김춘택이 제주도에서 집필한 『별사미인곡(別思美人

曲)』에서 보이는 연군과 충념도 그런 논리를 바탕으로 하고 있다.

그런데 자신들의 처지를 달래기 위한 이러한 충성의 표시는 다른 한편으로 일종의 특권화된 권위 의식의 상징이기도 했다. 고려말 정몽주가 거제도에 유배를 당했을 때 그곳 섬의 선비들은 기침 소리까지, 수저 잡는 손짓까지 정몽주를 닮기 시작했다는 전설은 그러한 유배인의 권위가 크게 작용한 대표적인 예일 것이다.

그러나 아무리 충성 표현을 한들 군왕이나 정치적 동료들로부터 다시 추천되기는 결코 쉬운 일이 아니라는 것은 유배인들 스스로가 잘 깨닫고 있었다. 그래서 그들은 그런 귀속 지향성보다 일단 유배지의 현실을 받아들임으로써 체념과 동시에 현지 적응의 희망을 만들어낸다.

특히 원악의 제주도 유배인들은 더 이상 조정으로 돌아가기 어려운 중형임을 누구보다도 잘 알고 있었다. 그럴 경우 현지 목사나 향리의 배려로 유폐되는 일은 겨우 모면할 경우도 없지 않아서 그 현지 주민들과의 접촉이 가능했다. 따라서 그들은 주민들과 권위적으로 관계하기보다 현지와 화합함으로써 독특한 유배 문화를 형성하는 계기를 마련한다.

이를테면 제주도 대정 지역을 중심으로 형성된 독특한 유배 문화야말로 그 대표적인 예이다. 대정은 제주도에서도 가장 바람이 드세고 척박한 지역이기 때문에 포구인 모슬포를 일컬어 '못살(사람이 살지 못할)포'라고 비하했던 것처럼 조선 시대 원악의 유배지로서 가장 각광을 받던 곳이었다. 조정의 정치 권력 유지를 위해 배척해야 할 당사자들 가운데 중죄인이라는 이름으로 멀리 추방 및 격리시키기 위한 최적지로 제주도 대정이 이용되었던 경우가 많았다.

그렇기 때문에 역설적으로 대정은 제주도 유배 문화의 핵심에 자리한다. 당대에 비판적이었던 유배인들과 현지 주민들이 교호하면서 만들어진 제주도 유배 문화의 독특한 특징을 대정에서 찾아볼 수 있게 된다는 말이다.

탐라국 멸망 이래 제주도의 정신사 속에 내재되어 있는 탐라의 독립을 갈망하는 현지 주민들의 분리주의적 성향은 유배 지식인의 비판적 의식과 묘한 조화를 보이면서 제주도 유배 문화의 독특한 특징을 이루게 된다. 그 특징을 한마디로 요약하면 반골 정신이라고 할 수 있다. 반골 정신은 제주도 내외에서 가해졌던 여러 수탈과 탄압 그리고 박해와 혼란에서 연유된 일종의 저항 정신이라고 할 수 있다.

유배 지식인들의 반체제적 실질을 이어받은 이러한 반골 정신은 수차례의 제주 민란이 모두 대정을 중심으로 봉기되었고 민란의 장두들 대부분이 유배인의 후손이거나 유배인과 관련을 맺고 있었던 점 등이 그것을 뒷받침하는 중요한 증거들이다.

박광수 감독이 제주도의 민란을 배경으로 만든 영화 「이재수의 난」의 이재수도 유배인의 후손이며, 제주 4·3의 좌익계 거물이었던 김달삼도 유배인의 후손이다. 의욕만큼 잘되지는 못한 영화, 「이재수의 난」에 그려진 제주도 풍광은 가히 일품이었지만 이재수란이 기반하고 있는 제주도 특유의 반골 정신을 제대로 그려냈는지는 미지수다.

그런가 하면 유배인들은 교육자 또는 자기 완성자로서 현지 주민들에게 삶의 모범을 보임으로써 현지의 학문 향상과 문화 발전에 크게 이바지하기도 했다. 원래 조선조의 선비들은 개인의 인격과 학문적 소양을 닦은 후에 남을 다스린다는 수기치인을 전제로 한 학자 관료(士大夫)로서 학문적 소양으로 정치를 하는 것을 원칙으로 삼았기 때문에 기본적으로는 학자이면서 정치인이었고 정치인이면서 또한 학자였다. 따라서 유배되었다는 것은 정치인으로서의 기능이 상실되었지만 다른 한편으로 학자적 기능은 여전히 가능했다는 의미다.

따라서 많은 유배 생활을 서재 생활로 전환하여 치열한 학자적 생활을 전개한 유배인들도 많았다. 그래서 유배인들은 현지 주민들과 접촉하면서 학자로서 유교적 교양을 바탕으로 한 많은 양의 지적 유산을 유배지에 남기게 되는 것이다. 이제 유배인들은 현지 주민들과의 동화를 통해서 죄수라기보다 교육자 또는 자기 완성자로서 여러 성과를 남긴다. 김정희가 제주도 유배 기간에 추사체를 완성할 수 있었던 것도 그러한 성과 가운데 하나다.

제2부
유배된 사람들

태조 시대

왕조의 교체

 명나라 요동을 정벌하기 위해 압록강 위화도에서 진을 치고 있던 이성계가 군대를 돌려 개경을 함락하고 고려 조정을 완전히 장악한 뒤, 왕에 오른 것은 1392년 7월이었다. 아직도 이성계의 위화도 회군에 대해 충(忠)이냐 역(逆)이냐 하는 봉건적인 논란이 있지만, 권문세족이 전횡하는 고려의 현실을 개혁한다는 차원에서 볼 때 위화도 회군은 분명 특별한 의미를 갖는다. 우리 역사 속에서 가장 역동적이고 승리한 개혁이 바로 위화도 회군에서 비롯되었기 때문이다.

 고려말의 개혁 대상은 벼슬의 직위가 높고 권세 있는 집안인 권문세족들이었다. 그들은 정치적으로 고려의 최고 권력 기구인 도평의사사(都評議使司)를 장악하고 있었으며, 경제적으로는 막대한 규모의 농장을 소유한 특권층이었다. 그 반면 개혁 주체 세력인 신흥 사대부들은 성리학을 사회의 지도 이념으로 하여 새로운 사회 건설을 꿈꾸는 사람들로서 권문세족들과는 질적으로 차별되는 지식인들이었다.

그런데 당시 신흥 사대부는 고려 왕조의 교체를 주장하는 역성 혁명 세력과 왕조는 존속시키면서 개혁을 수행하자는 온건 개혁 세력으로 양분되고 있었다. 역성 혁명이란 민심을 잃은 왕조를 바꾸어 하늘의 뜻을 새롭게 한다는, 『맹자』에 근거한 왕조 교체 이론을 지칭한다.

위화도 회군으로 개혁의 주도권을 거머쥔 역성 혁명 세력들은 전격적인 토지 개혁을 시작으로 개혁 프로그램을 강도 높게 실천해나감으로써 이 과정에서 개혁의 대세에 동참하지 않거나 반발하는 세력들을 하나둘 제거해나갔다.

나라가 난세에 접어들거나 멸망할 때는 반드시 그런 시대를 부축하려는 충절의 지식인들이 나오게 마련이다. 『노자』에도 국가가 어지러우면 충신이 있다고 하지 않았던가. 고려 왕조 자체는 존속시키면서 개혁을 수행하고자 했던 온건 개혁 세력들이 바로 그들이라고 할 수 있다.

그들은 누구보다도 권문세족의 전횡에는 분개하였지만 왕조 교체는 바라지 않았기 때문에 역성 혁명에 의해 이룩된 조선 왕조를 거부하기 위하여 은둔하거나 그 거부 때문에 역성 혁명 세력들로부터 죽임과 유배를 당했다. 한천과 김만희가 바로 그런 이유로 제주도에 유배된 사람들이었다.

온건 개혁과 역성 혁명 양대 세력을 두고 섣불리 누가 옳고 그르다 구분지을 수는 없을 것이다. 당대의 지식인으로서 그들은 스스로를 공히 도(道)를 실현할 사명을 지닌 자로 인식했고 따라서 온건 개혁이냐 역성 혁명이냐 하는 것은 그 도를 실현할 올바른 방도를 추구하는 데서 구분되는 태도라는 점에서 사실 양자 모두가 오늘의 우리에게는 값진 교훈이다.

그럼에도 불구하고 역성 혁명 세력의 혁명론적 입장과 사람이 지켜야 할 도리를 강조한 온건 개혁 세력의 강상론적(綱常論的) 입장에 대한 역사적 평가는 시대에 따라 변해왔다. 특히 조선의 창업기에는 혁명론이 정당화되었지만 안정기에 오면 삼강과 오륜을 강조하는 강상론이 정당화됨으로써 절개와 의리야말로 선비 정신의 핵심으로 자리를 잡게 되면서 역성 혁명 세력들의 큰 공로마저 도외시된다.

온건 개혁 세력이 내세웠던 절개와 의리는 오늘도 역시 중요한 문제임에 틀림이 없다. 그러나 개혁의 시대를 사는 우리로서는 권문세족이 전횡하는 고려의 현실을 타파하여 새로운 사회를 건설하고자 했던 역성 혁명 세력의 강도 높은 개혁 자세야말로 가치 있게 주시해야 할 내용이 아닌가 생각된다.

I. 한천(韓蕆)

고려의 마지막 왕인 공양왕 밑에서 대제학을 지낸 한천은 위화도 회군을 기점으로 이성계 일파가 조정을 완전히 장악해나가자 온건 개혁 세력의 대표 주자인 정몽주와 함께 왕조의 재건을 모색한다.

그들은 특히 공양왕의 사위인 우성범을 중심으로 이성계를 제거하기 위해 역성 혁명 세력의 대표 주자인 정도전을 탄핵하는 등 정치적 공략을 시도한다. 그러나 공략은 실패하여 급기야 정몽주는 살해당하고 나머지 인사들도 대거 숙청됨에 따라 한천도 1392년 제주도 정의현 가시리에 유배된다.

이성계 일파는 한천을 극형에 처할 것을 주장했지만 태조의 첫째 부인인 신의 왕후가 한씨이고, 종질인 한상경이 새 왕조에 적극 참여하고 있었던 연유로 그는 다행히 목숨을 부지할 수 있었다. 한천은 곧 유배가 풀렸지만 돌아가지 않고 지금의 표선읍 가시리에 정착하여 청주 한씨(淸州韓氏) 제주도 입도 시조, 즉 입도조(入島祖)가 된다.

그는 지방의 자제들을 가르치며 민가의 풍속을 북돋우는 일에 큰 자취를 남기게 되는데 정몽주의 학문을 전파하는 중요한 일을 하다가 유배지에서 망국의 지식인으로 최후를 맞는다.

온건 개혁론자였던 한천의 제주도 정착은 "점진적인 개혁자들은 언제나 자기들보다 더 많이 앞으로 나아가는 사람들을 미워한다"는 J. A. 프루드의 말처럼 분명 역성 혁명 세력들에 대한 미움에서 비롯되었을지 모른다. 그럼에도 불구하고 거기에는 망국의 지조를 웅변하기 위한 한 중세 지식인의 아픈 신념이 배어 있다.

그러기에 후일 조선말 외세의 도전을 강력하게 비판했던 척사파의 기수, 면암 최익현은 1873년 제주도에 유배되었을 때 두 임금을 모시지 않은 한천의 불사이군(不事二君) 정신을 높게 기려 "두 임금을 섬기는 것이 부끄러운 일이라 하여 공은 남으로 건너와 향약을 세우고 선비를 가르치니 이 섬에 점점 학문이 일어났다"라는 내용의 비문을 남긴다.

불사이군이란 하늘에 두 개의 태양이 있을 수 없듯이 백성에게 두 명의 임금이 있을 수 없다(天無二日 民無二王)는 당대 지식인들이 신봉하던 성리학적 의리 정신의 원칙이었다. 이를 두고 소위 춘추대의(春秋大義) 정신이라고도 하는데 이성계의 측근이며 역성 혁명 세력의 대표 주자였던 정도전이 조선조 정신사를 실질적으로 인도한 한 사람이었음에도 불구하고 배반과 변절자로 매도된 것도 바로 이 논리에 의해서였다.

II. 김만희(金萬希)

고려 공양왕 밑에서 오늘날의 수상급인 도첨의 좌정승(都僉議左政丞)을 지낸 김만희는 이성계 일파의 심상치 않은 움직임을 감지하고 신병을 이유로 일단 정계에서 물러나 고향에서 후진들을 가르치는 일에 주력한다.

조선 왕조가 개국하고, 그에게 새로운 왕조에 대해 동참할 것을 제의해오자 불사이군의 논리를 내세워 거절함으로써 결국 제주도에 유배된다. 그는 유배를 떠나며 술회하기를 "옛 궁궐에는 싸늘한 달빛만이 비치는데 까치가 울던 고목에는 새벽 바람만 스쳐가네"라고 비감한 심정을 토로한다.

비슷한 시기에 원천석은 "흥망이 유수하니 만월대도 추초(秋草)로다. 오백 년 왕업이 목적에 부쳐시니, 석양에 지나는 객이 눈물계워 하노라" 하며 비통해하였고 길재는 "오백 년 도읍지를 필마로 도라드니"로 시작되는 「회고가」를 지었는데 고려의 멸망을 지켜보는 지식인들의 고뇌가 생생하다.

권문세족의 전횡에는 분개하면서도 새로운 사회에 대한 전망이 부족했던 그들의 한계에도 불구하고 복지부동으로 일관하다가 대세에 무임 승차하는 무리들이 대부분이었던 상황에서 그들의 선택은 나름의 독특한 가치가 있다.

체제 테두리 내에서의 개혁 추구라는 선택적 한계에도 불구하고 그들이 가치있게 느껴지는 것은 위기의 시대를 부축하고자 했던 지식인으로서의 고민과 충절 때문이다. 충절과 신념의 지식인은 언제나 시대의 귀감이다. 천자의 최고 고문 자리인 삼공의 높은 벼슬에도 지조를 팔지 않은 노나라의 대부 유하혜의 인격을 맹자가 높이 평가한 것도 바로 그런 이유에서였다.

김만희 역시 한천처럼 유배를 계기로 제주도 곽지에 정착하여 김해 김씨(金海金氏) 좌정승공파(左政承公派) 입도조가 된다. 불사이군의 세계관을 견지하고자 했던 그들로서 제주도 정착은 어쩌면 당연한 선택일 수밖에 없었다.

길재와 원천석이 그랬고 조견과 남을진 역시 이성계의 역성 혁명을 등지고 살았다. 그들이 부귀와 영화를 내던져버리고 불사이군이라는 신념 하나 때문에 세상을 등진 사실은 새로운 사회를 건설하겠다는 역성 혁명 지식인들의 개혁 의지만큼이나 고귀한 것이다.

김만희는 유배지에서 봄을 맞은 소감을 피력하며 끝내 자신을 고려 유민이라고 주장하였다.

> 티끌만치도 나라에 보답하지 못한 고려 유민이
> 죽지도 못하고 감히 새봄을 당하는구나.
> 어제는 금마문 앞 손이었건만
> 오늘은 영주산 밑의 사람이 되었네.
> 늙어서 고향 그리는 마음이야 간절하지만
> 임을 보내고 나니 부평 같은 감회가 새롭구나.
> 어찌 늙은 몸으로 궁벽한 세월을 이겨내어 보낼꼬
> 풍설이 휘날리는 차가운 새벽에 닭이 우는구나.

자신은 고려 유민이기 때문에 "신하의 도리를 다하지 못하여 개명하였으니 그 죄가 만만(萬萬)하여 밝은 사리를 거울 삼아 하늘에 바랄 뿐(希天)이다"라고 자책하며 이름을 만희(萬希)라고 고쳤다고 한다.

불사이군의 충절 때문에 조선 왕조를 거부하고 개풍 광덕산 기슭의 두문동에 은거하고 있던 72명의 망국 지식인들과 관련된 수명이 제주도에 흘러들어온 것도 이 무렵의 일이다.

원주 변씨(原州邊氏) 입도조가 되는 변세청이나, 양천 허씨(陽川許氏) 입도조가 되는 허손 그리고 나주 김씨(羅州金氏) 입도조가 되는 김인충 등이 바로 그들이다. 그들 역시 고려말 권문세족의 전횡에는 분개했던 사람들이지만 고려 자체는 존속시키면서 개혁이 수행되기를 원했었기 때문에 왕조 교체 세력들과는 같은 배를 탈 수 없는 운명이었다.

당대의 거물 정객이었던 한천이나 김만희 그리고 여러 망국 지식인들의 입도는 제주도의 씨족 계보를 다채롭게 하는 계기가 된다. 그러나 그보다 더 가치 있는 것은 조선의 개국과 함께 유배지로서 각광을 받기 시작한 제주도에 당대의 지식인들이 자리를 잡거나 일정 기간을 거쳐가면서 아주 독특한 색깔의 제주도 유배 문화 형성에 크게 기여하게 된다는 사실이다.

태종 시대

왕자의 난

 태조 이성계의 첫째 부인인 신의 왕후 한씨의 소생으로는 방우·방과·방의·방간·방원(태종)·방연 등 6형제와 2녀가 있었다. 신의 왕후는 이성계가 왕으로 등극하기 1년 전에 세상을 떠나게 되는데 이어 신덕 왕후 강씨가 둘째 부인이 되면서 현비에 책봉된다.

 야심만만했던 그녀는 태조의 집권 거사에도 참여했을 뿐 아니라 소생인 방번과 방석 형제 가운데 방석이 신의 왕후의 소생들을 물리치고 세자로 책봉되도록 배후에서 막강한 영향력을 발휘한다.

 이에 불만을 품은 신의 왕후 소생 왕자들은 신덕 왕후 강씨가 죽고, 개국 공신 정도전 중심의 반대파 세력들이 왕족의 사병 해체를 주장함을 계기로 그들을 습격·참살하고 신덕 왕후 소생들을 죽이게 되는데 이것을 두고 제1차 왕자의 난이라고 한다. 신덕 왕후와 사촌지간이었던 강영이 제주도에 유배된 것도 이 난 때문이었다.

고려 왕조를 누구보다도 절망하면서 새로운 국가에 대한 무한한 향수를 가졌던 철저한 정책적 지식인이었던 정도전. 조선 건국의 주역으로서 새 윤리 질서, 새 정치 체제의 근거를 마련하고자 했던 그의 입신에서 혁명의 근대성을 실감하게 되는 면도 없지 않으나 상사의 아들이자 혁명의 동지이기도 했던 방원(태종)의 손에 죽어갔던 그의 몰락에서 여전히 혁명의 중세성을 절감하게 된다.

정도전의 죽음을 부른 제1차 왕자의 난은 왕자들 사이의 싸움이자 개국 공신들 사이의 칼부림이었다. "혁명 전에는 모두가 노력이었지만 혁명 후에는 모두가 요구로 바뀌었다"는 J. W. 괴테의 말을 증명이라도 하듯 혁명을 둘러싼 이해 당사자들의 요구는 화해되지 못한 채 결국 칼부림을 부르고야 말았던 것이다.

제1차라는 접두어가 말해주듯이 이때부터 조선은 거듭되는 정변의 시대로 접어들게 된다.

I. 강영(康永)

제1차 왕자의 난으로 신덕 왕후 강씨의 가까운 친척들도 피해를 보게 되면서 사촌지간으로 전라 감사로 있던 강영도 결국 관직을 박탈당하고 1402년 제주도 함덕에 유배된다. 신덕 왕후 강씨야말로 당시 정계 복귀를 모색하고 있던 방원(태종)에게는 최대의 난적이었기 때문에 사촌이었던 강영의 피해는 불가피한 것이었다. 사촌이라면 예나 지금이나 강근지친(强近之親)이지 않은가.

강영은 제주도에서 소실을 맞아들여 정(禎)·복(福)·만(萬) 세 아들을 낳고 신천·곡산 강씨(信川·谷山康氏) 입도조로서 제주도의 씨족 계보를 다채롭게 하는 데 일조한다. 지금도 제주도 함덕에는 강영개(康永浦)라고 불리는 곳이 있는데 이는 강영이 상륙한 곳이라는 뜻이다.

소실을 맞았다고 했지만 사실은 고위 정객과의 관계맺음을 위해 제주도 토착 세력들이 적극적으로 딸을 상납했던 예가 대부분이었다. 여식이 첩이 되는 데 대하여 제주도 부모들은 대체로 찬성·불간섭·묵인하는 태도를 취하는 경향인데 더욱이 고위 정객이기 때문에 그러한 경향은 더욱 적극적일 수밖에 없었을 것이다. 이는 육지에서는 도저히 찾아볼 수 없는 경향이다. 원악의 환경에 고립되어 있는 제주도 토착 세력들이 사회적 상승 이동을 위한 통로를 어떻게 확보하였는가 짐작할 수 있게 하는 중요한 대목이다.

소실을 제주도에서는 '죽은 각시'라고 부르는데 제주도의 첩은 처첩간에 신분 차이가 심한 양반가의 첩처럼 남자와 본처에 대하여 종속적인 지위에 서 있는 것도 아니며 옥내 노동에만 종사하는 소비자도 아니다. 제주도의 첩은 초혼이나 재취로 들어간 다른 여자들과 거의 다를 바 없는 지위에 서서 옥외 노동에 종사하며 자기의 생활을 유지한다. 유배인의 소실은 제주도 본래의 첩 형태와 양반가의 첩 형태가 혼합된 유형이라고 할 수 있을 것이다.

II. 민무구(閔無咎)·민무질(閔無疾)

태종이 왕위를 물려줄 의사를 밝히자 태종의 처남들, 즉 원경 왕후의 친동생인 민무구·민무질 형제는 어린 세자를 통해 이른바 협유집권(挾幼執權), 즉 어린 세자 틈에 끼여 집권을 획책하려 했다는 혐의를 받게 된다.

그러나 진짜 원인은 태종과 원경 왕후 사이의 불화였다. 원경 왕후 민씨는 남편의 등극에 많은 역할을 했지만 태종이 보위에 오른 후 잉첩들만 가까이하자 이에 심한 투기심을 드러내 불화가 잦았다. 질투하지 않는 여자는 튀지 않는 공이라는 말도 있지만 원경 왕후의 질투는 여자로서는 당연한 것인지 모른다.

그러나 원경 왕후의 질투는 동생들에게도 영향을 주어 이 때문에 외척으로서 원경 왕후의 권세를 믿고 활개를 치던 민씨 형제들은 불만을 품게 되고 태종이 왕위를 물려줄 의사를 비치자 세자인 양녕 대군을 찾아가 불만을 토로하였고 이것이 화근이 되어 1409년 제주도에 유배된다. 이 사건을 두고 민무구 형제의 옥(獄)이라고도 한다.

그들 형제는 매형을 도와 정도전을 제거하는 데 큰 공을 세우고 매형이 왕위에 오르자 민무질은 예문관 총제가 되었지만 궁중에서 종친들에게 무례할 뿐 아니라 왕자간에 이간을 꾀한다는 이유로 형제가 모두 제주도에 유배되었고 재차 죄상이 거론되어 결국 다음해에 제주도에서 처형된다.

III. 이미(李美)

『익재난고(益齋亂藁)』와 『역옹패설(櫟翁稗說)』을 집필한 고려말의 대학자 이제현의 증손인 이미는 고려 신하로 절개를 유지하기 위해 끝내 조정의 벼슬 제수를 거부하다가 태종 때 제주도에 유배된다.

이런 동생의 마음을 돌려놓기 위해 일부러 제주도 수령을 자원한 형 이신(李伸)의 새 왕조에 대한 참여 간청을 마다하고 이미는 제주도에 정착함으로써 망국 지식인의 신념과 절망을 애틋하게 보여준다.

제수(除授)란 추천을 받지 않고 임금이 바로 벼슬을 주는 것을 말하는데 이를 거부한다는 것은 결국 왕에 대한 도전이나 다를 바 없었다. 이미는 제수를 거부함으로써 망국 지식인으로서의 새 왕조에 대한 불신과 함께 제1차 왕자의 난을 통해 등극한 태종에 대한 비난을 극명하게 드러내고 있다.

형 이신이 동생에게 "이와 같이 척박하고 더러운 곳에서 어찌 살겠느냐"고 하자 이미는 다음의 글로 불사이군을 웅변하였다.

> 바다의 섬이 비록 더럽다고 말하지만
> 이곳도 나라의 영토가 아닐 수 없네.
> 이 마음속에는 옛 님을 우러러볼지언정
> 두 마음 가진 사람이 되기를 즐기랴.

형은 동생으로부터 제의가 거절되자 강제로라도 출륙시키기 위해 동생을 별도포로 연행했으나 갑자기 태풍이 불고 풍랑이 거세어 세 번이나 출항을 못 하자 결국 단념했다고 하는데 이미의 뜻이 얼마나 강했는가를 웅변하는 일화라 할 수 있다. 형은 동생이 뜻을 굽히지 않자 수령직을 사임하고 떠난다.

이미는 고려의 신하로 조선의 벼슬을 마다하지 않은 사람들을 세상 사람을 속이고 헛된 명예를 탐내는 소위 기세도명(欺世盜名)의 무리로 간주했다. 예나 지금이나 복지부동하다가 대세에 무임 승차하는 무리들이 얼마나 많은가. 개혁의 대상이 되어야 할 인사들이 오히려 개혁을 외치는 오늘의 추태야말로 기세도명의 작태라고 하지 않을 수 없다. 손바닥으로 하늘을 가리려는 짓이다.

유배된 동생을 돕기 위해 제주도 안무사를 자원한 형이나 그것을 마다한 동생의 얘기 그 이면에는 한 시대에 자기 자신의 진실을 어떻게 헌납하는 것이 좋은지에 대한 상반된 두 지식인의 비장한 고민이 깔려 있다.

바로 이 고민 때문에 그들의 자취가 사사롭게 보이질 않는 것이다. 그럼에도 불구하고 이 경우를 놓고 "The younger brother has the more wit"(동생이 더 지혜롭다)라는 영국 속담이 생각나는 것은 왜 그런지 모르겠다.

이미는 제주도에 정착하여 경주 이씨(慶州李氏) 익재공파(益齋公派) 입도조가 되었으며 죽어서는 한라산 삼장굴에 몸을 묻게 된다. 한천과 김만희 그리고 이미를 두고 제주도에서는 끝내 지조를 지켰다고 하여 삼절신(三節臣)이라 일컫는다.

예종 시대

서명 파동

 그 파란만장하던 세조가 죽고 조선 제8대 임금으로 예종이 즉위하자 『세조 실록』편찬 작업을 하게 되었지만 이른바 1469년 민수의 사옥이 일어나는 바람에 실록 편찬은 큰 어려움에 봉착하게 된다.
 사건의 발단은 사초를 거둘 때 사관의 이름을 기록하게 한 것에서 비롯되었는데 대간에서는 사관들이 서명을 할 경우 소신껏 쓸 수 없게 된다는 이유에서 사초에 서명을 하는 것을 반대하였지만 결국 왕명에 따라 서명을 하게 되었다.

I. 민수(閔粹)
 신숙주 · 한명회 등이 춘추관에서 『세조 실록』을 편찬하고자 사초를 거두어들였다. 이때 그 당시 봉상첨정이었던 민수는 사관 시절에 대신들에 대해 비판을 가하며 바른말을 했으므로 대신들에게 원망을 받을까 두려워하여 기사관을 통해 빼내어 사초의 몇 군데를 뜯어고쳤는데 이것이 발각됨으로써 제주도에 유배되어 관노 생활을 하게 된다.

사관의 직책은 왕의 언행과 정사, 백관들의 잘잘못을 직필로 써서 후세 정치를 하는 데 있어 그 거울로 삼게 하려는 데 있었다. 그러므로 어떤 국가에서나 사관의 직책을 몹시 소중하게 여겼다.

사초에 서명을 하게 되면 사관들이 직필로 잘잘못을 쓰지 못하게 됨은 당연지사이다. 사초에 서명을 하라는 것은 일종의 언론 검열이라고 볼 수 있다. 그러기에 J. W. 괴테는 "검열을 요구하는 것은 권력자이며, 언론의 자유를 구하는 것은 신분이 낮은 사람들이다"라고 했다.

연산군 시대

무오사화의 절망

1453년 수양 대군은 어린 단종을 지켜달라는 선왕 문종의 부탁을 받은 김종서·황보인 등의 원로 대신들을 살해하고 동생 안평 대군을 강화도에 유배 보낸 후 사약을 내려 죽이는데 이를 두고 계유정난(癸酉靖難)이라고 한다.

계유정난을 계기로 이때부터 한명회·신숙주와 같은 정난 주도 세력을 중심으로 본격적으로 형성된 공신 세력은 공신을 뜻하는 훈(勳)자에 구세력을 뜻하는 구(舊)자를 합성한 훈구파라는 거대한 정치 세력을 형성하기 시작한다.

조선 제9대 임금인 성종은 훈구파의 추대로 즉위하기는 했지만 훈구파에 눌려 자신의 뜻을 제대로 펼칠 수 없었다. 따라서 홍문관을 설립하여 훈구파에 맞설 수 있는 신진 개혁 세력을 양성하였고 이들이 김종직을 중심으로 하는 개혁 사림파를 형성하였다.

성종의 호의 속에 삼사(三司)로 통칭되는 언론 기관에 진출한 사림파는 훈구파의 전횡에 거세게 반발했다. 이로써 조선 중기의 역사는 개혁 대상인 훈구파와 개혁 주체인 사림파 사이의 투쟁으로 점철된다.

연산군 시대에 들어서면서 시작된 사화(士禍)란 '사림의 화'의 준말로서 말 그대로 개혁 주체인 사림 세력이 화를 입은 것을 말한다. 사림이란 훈구파와 대립한 재야사류를 배경으로 형성된 정치 세력을 일컫는 용어로 연암 박지원은 "천하의 공언을 사론(士論)이라 하고 당세의 제일류를 사류(士類)라 하고 사해에 떨치는 의성을 사기(士氣)라 하고 군자가 죄 없이 죽음을 사화(士禍)라 하고 강학논도함(講學論道)을 사림(士林)이라 한다"고 했다.

성종의 의도적인 호의 속에 사림 세력이 삼사를 점유하여 훈구파의 전횡을 비판하면서 이들 두 세력은 정치적·사상적으로 서로 타협할 수 없는 상황으로 치달아 마침내 철저한 적대 관계로 나아간다. 성종이 죽고 연산군 등극을 계기로 훈구파들은 일대 반격에 나서게 되는데 그 빌미가 김종직이 쓴 「조의제문」이었다.

이 글은 초의 회왕을 빗대 단종을 애도하고 항우를 빗대 세조의 왕위 찬탈을 비판한 것이었다. 계유정난을 존립 명분으로 삼은 훈구파는 이를 사초에 실은 것을 기화로 사림파를 체제 부정 세력으로 몰아붙여 대거 살육하는 이른바 야당 탄압을 자행하게 된다.

이로써 사림파는 하루아침에 내장이며 뇌골이 산산이 흩어져 흙투성이가 되는 일패도지(一敗塗地)를 맛보게 되는데 이것이 바로 1498년 무오사화(戊午士禍)이다. 이 사건은 개혁 주체 세력이 권력의 현장에서 어떻게 패배하는가를 극명하게 보여준 대표적인 예이다. 무오사화의 결과 홍유손이 제주도에 유배된다.

I. 김순손(金舜孫)

성종이 죽고 19세의 나이로 연산군이 왕위에 올랐지만 상중인데도 불구하고 궁궐 안에서 말들을 데려와 교접 장면을 구경하고 선왕의 후궁을 간음하는 등 부도덕한 행동을 하자 내관이었던 김순손은 이런 옳지 못한 일들을 고치도록 직언한다. 이에 연산군은 크게 노하여 왕을 업신여기고 깔보는 놈이라 하여 서천으로 유배시켰다가 1496년 제주도 대정현으로 옮기게 한다.

연산군은 김순손이 자신의 치부를 공격했다고 느꼈기 때문이었는지 의금부에 명하여 그를 죽이고자 했지만 오히려 사형이 불가하다는 군신들과 대립하게 된다. 그럼에도 불구하고 연산군은 강경한 태도로 김순손을 영구히 제주 민호에 편입시켜 충군토록 하고 그 가족까지 제주도로 옮기도록 하였다.

"타락자는 우선 자신의 인격 토대를 부순다. 정치적으로는 선과 덕을 버리며 마지막에는 완전 파멸인 불신앙의 길을 걷게 된다"고 T. 티하메르는 얘기했지만 연산군의 행로가 바로 그렇다. 김순손의 직언에 대해 연산군이 노발대발한 것도 타락자의 콤플렉스 결과라고 볼 수밖에 없다.

김순손이 받았던 충군형은 죄를 범한 자를 군역에 복무케 하는 제도로서 신분의 고하, 범죄의 경중에 따라 차등이 있었다. 대개의 경우에는 군역 가운데 비교적 양호한 직책인 정군(正軍)에 편입시키지 않고 고되고 천한 직책인 수군이나 국경 지대를 수비하는 군졸로 충당되었다.『문헌비고』에 규정된 종별에는 장 100에 충군, 장 100에 변원 충군(邊遠充軍), 장 100에 수군충군(水軍充軍) 등이 있었다.

17세기 스웨덴 정치가 옥센셰르나 백작은 죽으면서 아들에게 "내 아들아, 이 세상을 얼마나 하찮은 자들이 다스리는지 똑똑히 알아두거라"라고 유언을 했다는데 모르긴 몰라도 김순손도 분명 그 비슷한 얘기를 했을 것이다. 정권의 핵심에서 벌어지는 타락을 지켜본 사람으로서 이와 달리 무슨 할 말이 있겠는가.

II. 홍유손(洪裕孫)

홍유손, 그는 재주가 좋은 시인이었다. 그는 김종직 문하에서 두보의 시를 중심으로 가르침을 받았고, 생육신의 한 사람인 남효온과 어울려 산과 물을 찾아 시와 술로 자유분방한 삶을 살면서 당시의 명유 김수온·김시습과 교류를 하던 멋쟁이였다. 현실적이고 세속적인 이해 관계를 떠난 풍치와 여유를 멋이라고 한다면 홍유손은 분명 당대 제일의 멋쟁이였다.

그러나 그의 이 같은 초세속적인 삶은 당대를 무시 또는 조롱하기 위한 지식인의 불가피한 선택인지는 모르지만 사림 지성의 기준으로 볼 때는 변절의 소지가 없지 않다. 왜냐하면 당대 지식인들 가운데는 배반과 살육의 상황에서도 도학의 원칙에 근거하여 준엄한 자기 인식에 일관된 삶을 살고자 했던 사람들도 많았기 때문이다. 그 대표적인 경우가 사육신(死六臣)이다.

시문으로 당대를 조롱하던 홍유손은 김종직의 제자라는 이유로 무오사화에 연루되어 1498년 제주도에 유배되어 8년을 머물게 된다. 원래 왕은 그를 북쪽의 벽지로 보내려고 했으나 그렇게 되면 야인에게 투항하여 망명할 염려가 있다고 하여 대신 제주도로 보낸 것이다. 절해고도에 가둔다고 해서 시인의 상상력이야 포박할 수 있겠는가. 그의 초세속적인 태도와 거침없는 시문은 유배지에서도 당연 경탄의 대상이었다.

H. 헤세가 "시인은 세계의 양심 상태가 어떤지를 알려주는 지침이며 지진계"라고 하였듯이 최고의 시인이었던 홍유

손을 통해 제주도 사람들은 당대의 양심 상태를 짐작했었을 것으로 판단된다.

그런가 하면 홍유손의 현실 대응 의식이나 자세가 스승 김종직의 현실 자족적인 경향을 비판할 만큼 강경한 정치 성향을 띠고 있었기 때문에 이러한 성향이야말로 제주도 유배 문화의 독특한 특징이라고 할 수 있는 반골 정신 형성에 일조를 하였을 것으로 판단된다.

그는 유배에서 풀린 뒤 76세에 첫 장가를 들어 아들을 낳고 99세까지 장수했던 기인으로 여기서도 홍유손의 멋쟁이 기질은 유감없이 발휘된다.

제주 유배인들 가운데는 남다른 정력을 과시했던 사람들이 많았다. 많은 유배인들이 소실을 맞아들여 제주도에 그의 씨족을 퍼뜨린 예만을 보더라도 그들 정력의 됨됨이를 짐작할 수 있다.

어디선가 이어령은 "한국인에게 필요한 것은 스태미나를 기르는 일이다. 정력 부족, 모든 것이 바로 이 점에 얽혀 있는 것이다. 정치도, 학문도, 스포츠도, 가정 생활도, 그리고 그 모든 근대화도 우선 정력과 지구력을 기르는 데 있지 않는가?"라고 말한 적이 있는데 우스갯소리이긴 하지만 귀담아들을 여지가 있다. 이런 면에서 가장 어려운 환경에서조차 정력을 과시했던 유배인들은 오늘의 우리에게 분명 타산지석이다.

그들의 정력은 지식인의 유약함을 배반하는 좋은 증거이다. 모름지기 사람이 올곧게 사람다운 일을 하려면 정력이 있어야 한다. 그러나 오늘날 동물적 정력을 과시하는 사람은 부지기수지만 인간적 정력의 소지자는 드물다. 동물적 정욕의 과다는 단명을 재촉하고 인간적 정력은 새로운 역사 추진을 가능케 한다.

갑자사화의 잔인

무오사화 이후 연산군의 국정 운영은 방만해지고 사치와 향락이 심해지면서 조정은 왕의 향락 자제를 간청하는 행정 관료 중심의 부중파(府中派)와 왕의 의도에 부합하려는 외척 중심의 궁중파(宮中派)가 대립하게 된다. 이 와중에 이들의 대립을 이용하여 잔여 사림 세력은 물론 훈구 세력까지 일시에 제거하려는 음모가 시작된다.

기득권을 공고히하기 위한 음모에는 항시 피아(彼我)의 구별이 없게 마련이다. 그런 구별이 있다면 그것은 음모가 아니라 차라리 신념이다. 음모는 권력의 습지에서 자라나는 독버섯이다. 권력을 위한 음모에는 부자의 의리도, 부부의 인정도 소용이 없다.

지구상에 존재했던 그 어느 왕가보다도 임금 독살설이 많았던 왕조가 조선이었다. 조선은 다름아닌 음모의 왕조였던 것이다. 일찍이 『군주론』을 쓴 마키아벨리도 "왕이 생명을 잃든가 나라를 빼앗기게 되는 것은 눈에 보이는 전쟁보다는 음모에 의한 것이 훨씬 많다"고 하지 않았던가.

음모자들 입장에서 볼 때 기득권을 공격하는 개혁 주체 세력은 눈엣가시이기 때문에 그들을 모해함은 당연한 것이고, 나아가 어제의 동지라 하더라도 그들로 인해 기득권의 지분이 줄어든다고 여겨질 때는 가차없이 그들을 모해할 뿐이었다. 이제 개혁은 실종되고 권력의 노련한 음모만이 횡행한다.

마키아벨리는 또 지적했다. "역사가 가리키고 있는 바에 의하면 모든 음모는 상류 계급이나 왕과 간신들에 의해 계획되고 있다"고. 예나 지금이나 과연 노련한 음모의 주동자들이 누구인지 우리는 눈여겨볼 필요가 있다.

왕비의 체모에 벗어난 행동을 많이 했다는 이유로 폐위되어 결국 사약을 받고 죽은 연산군의 친모 윤씨 폐비 사건을 음모의 주동자들이 의도적으로 들춰냄으로써 결국 연산군으로 하여금 엄청난 살인극을 자행하게 한다. 이를 두고 1504년 갑자사화(甲子士禍)라 하는데 그 잔인함은 무오사화에 비할 바가 아니었다. 홍상과 유헌 등이 이에 연루되어 제주도에 유배된다.

I. 홍상(洪常)

홍상은 세조의 요절한 맏아들 의경 세자(덕종)의 사위이자 성종의 매제로서 연산군의 친모 윤씨의 폐위에 방관했다는 이유로 1504년 제주도에 유배되어 1년 반을 지내게 된다. 그는 덕종의 사위임을 결코 내세우지 않았다고 하지만 그와 같은 귀족이 제주도에 유배되면 현지 목사나 향리들이 그들을 극진하게 대접하는 경우가 드물지 않았다.

유배되었다고 하여 영원히 패배 좌절된 것이 아니고 정계의 변화에 따라 유배인들의 복귀는 언제든지 가능했기 때문에 이를 염두에 둔 처사였다.

제주도의 토착 양반들 입장에서 권문세가 출신의 유배인들과 관계를 맺는 것이야말로 사회적 상승 이동의 효과적인 방법일 수밖에 없었다. 왕조 정치란 고도의 중앙 집권적 논리이며 따라서 그 중앙에 편입되기 위한 방법으로 중앙 정객과 관계를 맺고자 하는 것은 변방의 처지에서는 당연한 것이었다. 그렇더라도 분명 그것은 아주 씁쓸한 일이다.

II. 유헌(柳軒)

유헌은 무오사화를 획책한 장본인 유자광과 갑자사화의 장본인 임사홍을 탄핵하고 좌의정이었던 이극균이 억울하게 죽었음을 호소하는 상소를 올렸다가 1504년 제주도에 유배된다. 그러나 곧 중종 반정이 일어남에 따라 유배가 풀려 돌아가다가 바다에서 해적을 만나 죽는다. 그와 교류하였던 제주 유생들은 그의 청아한 인품에 감명을 받았다고 한다.

조선 시대 개인의 언로(言路)로서 가장 중심이 되는 수단이 바로 상소였다. 이 상소는 원칙적으로 모든 사람에게 개방되었으며 문서를 통한 하의상달 방식으로 가장 대표적인 것이었다. 상소의 언로는 왕에게 직결되지 못하고 반드시 승정원을 거쳐야 하며 승정원에서는 그 내용이나 형식에 관하여 일단 사전 검토를 한 다음에야 국왕에게의 등철(登徹) 여부를 결정하게 된다. 등철된 상소에 대하여 국왕은 비답(批答)으로 회답하게 되어 있었다. 즉 상소는 원칙적으로 등철되어야 하며 등철된 상소는 반드시 왕이 비답해야 할 의무가 있었다.

상소는 유헌의 경우에서 보듯이 그 결과로 참혹한 화를 입게 될 때가 많았다. 그렇기 때문에 지식인들은 죽음을 각오하면서 자신의 소신을 밝혀야 했다. 조선 시대 상소를 가장 많이 활용했던 집단은 재야 유림이었다. 이들 재야 지식인들은 성리학의 명분에 근거, 상소를 통해 실정을 탄핵하곤 했는데 그들의 상소와 그로 인해 입게 되는 화는 권력의 노련한 음모 앞에 당대의 지식인들은 어떤 방식으로 대응했고 또 패배하였는가를 보여주는 중요한 내용이다.

Ⅲ. 김양보(金良輔)

 연산군이 사냥을 하면서 깃발과 북으로 군대를 지휘하는 신호법인 형명(形命)을 쓰라고 선전관이었던 김양보에게 명령하였지만 그는 그것을 거절한다. 실제 신호법을 몰라서 거절했는지 아니면 연산군의 타락에 대해 반발한 것인지는 알 수 없으나 어떻든 이로 인해 왕의 노여움을 사게 되어 "제주 3읍 중 제일 먼 변방의 관노로 삼고 다시는 관직을 주지 말라"는 왕명에 의해 1504년 김양보는 제주도 대정에 유배된다. 그러나 중종 반정으로 유배가 풀려 유헌과 함께 출륙하다가 왜구의 습격으로 함께 죽게 된다.

중종 시대

기묘사화의 비애

갑자사화 후 연산군의 폭정이 노골화되면서 민생이 도탄에 빠지게 되자 이에 반정이 일어남으로써 연산군은 폐위되고 조선 제11대 임금으로 중종이 왕위에 오르게 된다. 이것이 곧 1506년의 중종 반정이다. 반정은 전왕의 무능과 실정에 대한 신하들의 반발에서 일어난 일종의 무력 혁명을 말한다.

외외탕탕(巍巍蕩蕩)이라고 왕도는 높고 크건만 신하들이 이에 반발하였다는 것은 이유야 어떻든 왕도의 논리상 이율배반적인 행동이다. 그러기에 최인훈은 그의 소설 『회색인』에서 "혁명은 논리의 이율배반을 의지로 돌파하는 것"이라고 했는지 모르지만 중종 반정은 결국 경우에 따라 신하들이 임금도 갈아치울 수 있다는 선례를 남김으로써 1623년 또 한 번의 반정인 인조 반정을 가능케 한다.

중종은 왕에 오르긴 했지만 반정 공신 세력인 훈구파에 밀려 조정의 주도권을 제대로 잡지 못하게 되자 이들 세력을 견제하기 위해 조광조 중심의 신진 사림 세력을 끌어들인다. 개혁 주체 세력인 사림파는 드디어 무오사화의 상처를 딛고 조광조를 중심으로 다시 재기해 훈구파에 정면 도전하게 된 것이다.

조광조는 무오사화로 유배중이던 김종직의 제자 김굉필에게 철저한 도학주의적 실천 사상을 수학하고 젊은 나이에 사림파의 영수로 자리잡게 되었고 중종의 두터운 신임을 바탕으로 급진적인 개혁 정치를 펼쳐나간다.

조광조의 개혁 정치가 당시에 어떤 영향을 미쳤는지『중종실록』은 "조광조 등이 탄핵과 논박을 크게 행하여 조정의 고관들이 주현을 범할 수가 없었고, 주현의 관리도 스스로 조심하니 백성들 사이에 근심이 없어지고 조정에도 뇌물을 쓰는 자가 없어졌다"고 기록하고 있다.

그러나 조광조의 이러한 성공은 오래가지 못하고 큰 저항에 부딪히고 만다. 그래서 W. 해즐릿은 "개혁이 승리를 얻기 위해서 알아두어야 할 것은 그것이 결코 성공을 거두어서는 안 된다는 사실이다"라고 역설하였는지도 모르겠다. 참으로 가슴 아픈 역설이다.

개혁 사림파가 개혁 대상인 훈구파의 전횡을 탄핵하자 훈구파는 사림파를 제거할 기회만 노렸는데 위훈 삭제 사건이 그 계기가 되었다. 위훈 삭제 사건이란 조광조가 중종 즉위 직후 책봉한 117명의 정국 공신 중 아무런 공이 없이 책봉된 가짜 공신들의 훈록을 삭제해야 한다고 주장한 사건을 지칭한다.

이러한 사림파의 개혁 정책은 지나치게 급진적이고 과격해서 당연히 훈구파의 엄청난 반발을 불러일으켰고 더군다나 그들이 도학적 정치 이념을 내세워 임금에게까지 압박을 가하기 시작하자 중종 역시 조광조의 급진적 경향에 염증을 느끼기 시작한다.

이 같은 중종의 심중을 헤아린 훈구파들은 조광조 일파를 몰아낼 계획을 세우고 "그들이 붕당을 만들어 중요한 자리를 독차지하고 임금을 속여 국정을 어지럽히니 죄를 밝혀 바로잡아야 한다"고 상소를 올렸다.

조광조 일파의 지나친 도학적 언행에 염증을 느끼고 있던 중종은 훈구파의 상소를 받아들여 그들을 숙청하게 되는데 이를 1519년 기묘사화(己卯士禍)라고 한다. 이로써 사림파의 개혁 정치는 또다시 좌절되고 조선은 또다시 훈구파의 세상이 된다.

개혁 세력을 등용했던 것도 중종이었고 개혁 세력에 염증을 느낀 것도 결국은 중종이었다. 중종의 이러한 이율배반은 그가 애초 개혁에는 관심이 없고 단지 왕권 강화를 위한 견제 세력 양성이라는 차원에서 사림파를 등용했었음을 알 수 있다. 이는 결국 기묘사화의 본질은 개혁에 대한 중종의 인식 부재에서 기인했음을 반증하는 것이기도 하다.

개혁이 제대로 이루어지기 위한 조건으로 율곡 이이는 명군과 현신간의 신뢰를 특히 강조했다. 조광조 등의 개혁 세력은 왕도 정치라는 그들이 건설할 질서에 대한 구체적인 개혁 프로그램을 갖고 있었지만 정작 중종은 그 개혁 프로그램에 대한 자기 점검과 철학적 기초가 부실했었기 때문에 결국 개혁에 대한 합의를 이끌어내지 못했고 이로써 중종은 오히려 반개혁적인 입장에 서게 되었던 것이다.

우두머리의 개혁 인식 부재로 개혁팀이 와해되는 경우는 비단 중종의 경우만은 아니다. 지난날 문민 정부의 개혁도 마찬가지였다. 기묘사화와 관련하여 김정·이세번 등이 제주도에 유배된다.

I. 김정(金淨)

조광조가 주도하였던 개혁 정치의 핵심 세력 가운데 한 사람이었던 김정은 1519년 기묘사화로 국청에 끌려가 심문을 받을 때 다음과 같이 진술을 하였다.

> 신이 나이 서른넷으로 나이가 젊어 고지식하고 성질이 편벽되고 궁한 대로 6경에 올라 송구하여 어떻게 해서라도 국은에 보답할 길만을 생각했습니다. 그 때문에 정사를 논할 때에도

한결같이 바르게 하려고 걱정했을 뿐 붕당을 지어 과격한 풍습을 이루고 국론을 전도케 한 일은 없습니다.

34살의 젊은 기개가 엿보인다.

R. 다리오는 "인간은 30대에 활력과 희망에 부풀어 세계를 개혁하려고 하지만 이윽고 자기 힘으로 안 된다는 것을 안다"고 했지만 그것을 깨달을 새도 없이 조광조와 함께 개혁 세력의 선두에 섰던 김정은 아쉽게 형장의 이슬로 사라진다. 그의 30대 활력과 희망이 다만 아쉬울 뿐이다.

그는 처음에 금산으로 유배되었으나 진도로 옮겨진 후 다시 제주도로 옮겨져 동문 밖 금강사(金剛寺) 옛터에서 1년을 지내다가 왕의 명령으로 죽음을 맞게 된다.

> 제주섬은 언제나 그늘져 있고
> 거친 마을엔 온종일 바람만 가득
> 봄을 알고 꽃은 스스로 피는데
> 밤이 깊어가자 하늘엔 달만 둥실
> 천리 밖 이역에서 고향 그리워
> 왕래 드문 고도에서 남은 목숨 이어가니
> 하늘은 이미 운수를 정해놓았을 텐데
> 막다른 길에서 울어 무엇하리 ──「유회(遺懷)」

제주도에서 쓴 시에는 김정의 불안한 심경이 잘 배어 있다. 특히 "제주섬은 언제나 그늘져 있고/ 거친 마을엔 온종일 바람만 가득"이라는 표현은 유배지 제주도의 폐쇄적 정황을 뛰어나게 묘사하고 있을 뿐 아니라 동시에 김정 자신의 불안한 심적 구조를 제대로 반영하고 있다.

　김정은 1년을 지내면서 제주도 동쪽 끝 우도를 구경하고 「우도가」를 짓는가 하면 제주도 사람들의 고통을 걱정하여 목사의 부탁으로 한라산 기우 제문을 지어주기도 하고 적거지 근처에 우물을 파서 위생적인 식수를 얻도록 도움을 주기도 했다.

　또한 사림의 경학적 전통에 따라 교육 활동에도 있는 힘을 다하여 김양필과 문세걸 같은 제주도 학자들을 배출한다. 그가 가르친 김양필은 제주 향교를 다시 고치는 일에 남다른 공헌을 함으로써 당대 향교의 퇴폐와 교화의 실추를 극복하려는 노력을 보여준다.

　조선조 전반에 걸쳐 제주도 사람들과 교류하면서 완숙한 성리학 이론을 설파하여 『논어』『맹자』『통감』이 고작이었던 변방의 지식 수준을 자극시킴으로써 교육자로서의 성과를 남긴 유배인들이 적지 않았는데 김정은 그것을 실천한 최초의 지식인이다. 무오사화로 유배되었던 홍유손과 좋은 대비를 이룬다.

　그는 그의 조카에게 제주도의 풍물을 적어 보냈는데 이것이 바로 『제주풍토록(濟州風土錄)』이다. 제주도에 관한 최초의 풍토지라고 할 수 있는 이 기록에는 제주도의 특수한 기후 조건과 그것에 따른 가옥 구조, 풍속 특히 뱀신과 무당의 피해, 관원의 횡포, 토지 경작의 양상과 동물과 조류, 토산물에 대한 설명 그리고 유배 생활에 대한 소감 등 다양한 내용이 실려 있다.

이 가운데 "지방 사람들의 말소리는 가늘고 날카로워 마치 침으로 찌르는 것 같고 또 가히 알지 못하는 것이 많더니 여기 사는 게 오래됨에 자연히 능통하게 되었다"라는 대목은 제주도 사투리를 처음 대면하는 사람들이 겪게 되는 어려움을 명료하게 잘 드러내고 있다.

이 기록에서는 특히 제주도의 무당과 중들의 폐단에 대해 "사귀를 몹시 숭배하여 무당이 매우 많아서 재앙과 불행한 일이 생기면 소리질러 비웃으며 두렵게 위협하면서 재물을 쉽게 갈취하고 〔……〕 이 지방의 중은 다 처를 길러 마을 안에 살고 있어 완악함이 목석과 같다"고 통박하였는데 그가 제주 지식인들과 교류 과정에서 무엇을 강조했는지 짐작할 수 있게 하는 대목이다.

그가 통박한 내용을 볼 때 특히 향약을 통한 풍속 순화가 논의되었음을 짐작할 수 있다. 왜냐하면 그는 악습을 타파하고 바른 풍속을 일으켜온, 백성 전체의 학문과 생활을 바르게 함을 목적으로 향약 운동을 주도했던 장본인으로 그런 폐단을 결코 좌시할 수 없을 것이었기 때문이다. 향약이란 일종의 지방 자치 단체 규약으로 유교적 도덕을 선양하기 위함에 그 목적이 있었다.

그래서 김정의 문집인 『충암집(沖庵集)』에는 "제주의 풍속이 잡신을 숭상하고 예법을 모르므로 공이 초상·장사·제사에 대한 의식을 기술하여 백성을 지도하니 풍속이 크게 변화하였다"고 기록하고 있다.

그러나 김정의 이 같은 태도는 그것이 도학적 견지에서 볼 때는 타당할지 모르나 다른 한편으로는 제주도 현실의 삶을 도학의 권위로 압박하려는 지식인의 자만이 엿보인다. 그러한 자만은 본의 아니게 현실의 삶을 질식시키게 마련이다. 사실이 그러했다.

조광조를 필두로 김정과 함께 개혁 정치의 핵심이었던 8명의 지식인들은 공히 연령상으로는 소장층이었으며 정치적으로는 급진적이고도 과격했다. 그들의 과격한 변혁 운동은 현실 정치를 질식시켰고 끝내 그들은 보복을 받는다. 그들은 너무 급했던 것이다.

공맹의 도를 얘기하던 그들이 왜 공자의 중용의 처세를 배우지 못했을까? 그러기에 율곡 이이는 『석담 일기』에서 조광조를 두고 "그는 어질고 밝은 자질과 나라를 다스릴 재주를 타고났음에도 불구하고 학문이 채 이루어지기 전에 정치 일선에 나간 결과, 위로는 왕의 잘못을 시정하지 못하고 아래로는 구세력의 비방도 막지 못하였다"고 아쉬워했다.

개혁의 개(改)자는 자기에게 회초리를 든다는 뜻의 합성어이며 그것도 가죽(革) 회초리이다. 결국 개혁이란 자기에 대해, 자기 세력에 대해 가죽 회초리를 들어 가차없이 때리는 행위를 말한다. 그러나 자기보다 상대방 탄핵에 더 바쁘다 보니 여기에 반발이 없을 수 없다. 어느 때나 보수 기득권층의 반발은 쥐 이빨처럼 소리 없이 집요하고 독극물보다 치명적이다. 그래서 개혁은 혁명보다 어렵다고 한다.

김정은 왕의 자진 명령을 받고 죽음에 임하면서 고대 초나라의 자결자였던 굴원의 「초사」풍의 절명시를 남기는데 모든 유배인들의 심경을 집약했다고 보아도 과언이 아니다.

> 절지에 와 외로운 넋이 되는도다.
> 멀리 어머니를 두고 가니 천륜도 어겼나니
> 이 세상 두고 이 목숨 끊어지나
> 저세상에 가서 역대 상감의 문지기가 되리로다.
> 또한 굴원을 따라 높게 소요하련만
> 기나긴 어둔 밤 언제나 아침이 되랴.
> 일편단심의 충성 쑥밭에 파묻혔고
> 당당한 장부의 뜻 중도에 꺾였으니
> 오호라 천추만세가 내 슬픔을 알리라.
> ──「임절사(臨絶辭)」

활력과 희망으로 세계를 개혁하고자 했던 30대 한 지식인의 슬픔과 좌절이 짙게 배어 있는 아픈 기록이다. "당당한 장부의 뜻이 중도에 꺾였으니" 이 어이 슬프고 가슴 아프지 않은가. 삶의 길흉화복에 천명 아닌 것이 없으나 감옥에 갇혀 죽는 것은 정당한 천명이 아니라 했거늘 김정은 천명을 바로 한 자인가 그릇되게 한 자인가.

김정이 6세 되던 해에 부친이 운을 주며 시를 써보도록 시험하자 즉석에서 시를 지어보였는데 그것을 읽은 부친은 "구법이 맑고 또한 슬퍼 아주 잘 지은 작품이나 그 뜻을 행하지 못하고 수명을 누리지 못하는 것이 안타깝다. 하지만 나의 문중을 번창하게 하여 후세에 이름을 남길 것이다"라고 하였다는데 김정의 운명에 대한 어떤 비장한 예감이 먹구름처럼 짙게 깔려 있다.

부친의 예감대로 비장하게 숨져간 김정의 슬픔을 달래고 넋을 위로하기 위하여 1578년에 제주도에 묘(廟)가 세워졌는데 이것이 귤림서원(橘林書院)으로 발전되면서 김정은 첫 번째 배향 유현이 된다. 배향이란 학덕이 있는 사람의 위패를 모시는 행사로서 "서원에 가면 엄연히 그 사람을 보는 듯(入其堂儼然若見其人)"하여 뒤의 사람들로 하여금 그들처럼 되도록 감동하여 분발하게 하려는 교육적인 의미가 담겨 있다.

제주시 오현단에 세워져 있는 충암 김정의 유허비. 밑부분이 훼손되어 있어 근처에 다른 새 비석을 만들었다.

이후 귤림서원에는 김정 외에 김상헌·정온·송인수·송시열 등이 배향되면서 제주 5현으로 추앙된다. 제주 5현 가운데 김정·정온·송시열이 유배인임을 미루어볼 때 유배인의 위상을 실감할 수 있을 것이다.

귤림서원은 국가 공인인 사액 서원으로 200여 년을 제주도 교육 진흥에 기여하나 대원군의 서원 철폐령에 의거하여 문을 닫으면서 지금은 제주시 이도동에 '오현단'이라는 이름으로 그 자취만 휑하게 남아 있다.

이곳이 제주도 전통 교육의 산실이었는지 아는 사람도 드물고, 지방 교육 행정 당국도 문외한이긴 마찬가지다. 지방 교육의 역사가 이렇게 방치되고 있는 것도 볼썽사나운 일이지만 이런 방치 아래서 지방 교육 자치를 논하는 품도 여간

오현단. 귤림서원 옛터에 있으며 오현의 위패가 모셔진 제단이라는 의미로 후세에 붙여진 이름이다.

어색한 것이 아니다.

II. 이세번(李世蕃)

이세번은 조광조와 함께 조선 5현 가운데 한 사람인 김굉필의 문하에서 공부를 했으며 조광조가 개혁 정치의 일환으로 실시한 현량과에 천거되었고 조광조가 투옥되자 성균관 유생들과 함께 무죄를 호소하다가 1522년 제주도에 유배된다.

현량과는 종래의 과거제가 지닌 모순과 폐단을 뜯어 고쳐 새로운 인재 등용의 방도를 모색해야 한다는 것 외에 훈구

세력의 진출 통로로 이용되어온 전통적인 과거와는 다른, 새로운 방도로써 사림파의 진출을 모색하지 않으면 안 된다는 현실적인 필요에서 설치된 제도였다.

그런데 현량과는 천거과이므로 그 응시 자격은 천거를 받은 자에 한하였다. 훈구 세력의 엄청난 반대에도 불구하고 처음이자 마지막으로 실시된 현량과에 120명이 천거되었는데 그 가운데 한 사람이 이세번이었다.

천거의 근거로는 성품, 기국, 재능, 학식, 행실과 행적, 지조, 생활 태도와 현실 대응 의식 등 일곱 가지 항목이었는데 천거된 120명 대부분이 기호 내지 영남 지방의 인물들이고 또 어떤 형태로든 조광조 일파와 연결되어 있었던 것으로 보면 천거 항목은 곧 사림파의 행동 근거라고 해도 무리가 없다.

유배인들이 제주도로 들어오는 길목은 대부분 조천이나 화북이었는데 이세번의 경우는 풍랑 때문에 대정현의 신도 포구로 들어오게 됨으로써 대정에서 유배 생활을 하게 된다. 그곳에서 이세번은 지방 유생들을 가르치는 일로 유배의 나날을 보냈는데 적거 7년 동안 길러낸 많은 제자들이 후일 높은 벼슬에 올랐을 뿐 아니라 그 맥도 끊이질 않았다.

적거 7년이 되는 해에 그가 큰 병을 얻게 되자 제자들이 가족들에게 이 사실을 알려 부인 황씨와 두 아들이 제주도에 오게 되며 그가 죽자 이를 계기로 가족들은 제주도에 정착하게 된다.

　이로써 이세번은 고부 이씨(古阜李氏) 입도조로서 오늘날 제주도 대정의 고부 이씨 집성을 가능케 한다. 인종대에 들어 이세번은 조광조·김정 등과 함께 복권이 되고 특히 사마시에 합격하여 태학 유생으로 수학중이었던 아들 이충현이 제주 교수로 천거되었고 후손들은 대대로 대정 향교의 훈도를 역임하였다.

　박광수 감독이 만든 영화「이재수의 난」의 이재수도 이세번의 12대 후손이며 김달삼이라는 이름으로 제주 4·3의 좌익계 거물로 활동했던 이승진도 그의 후손이다.

명종 시대

을사사화의 분노

 중종이 죽고 조선 제12대 임금으로 인종이 즉위하자 세력을 쥐게 된 윤임 중심의 대윤파(大尹派)에는 이언적 등의 사림이 많았던 관계로 인종 재위시에는 다시 사림파가 고개를 들기 시작한다.

 그러나 인종은 즉위 9개월 만에 죽고 이어 12세의 명종이 왕위를 계승하고 문정 왕후가 수렴첨정을 함에 따라 조정의 실권은 다시 소윤파(小尹派)에게 돌아갔고 소윤파는 대윤파를 무고하여 제거하게 되는데 이 사건을 두고 1545년 을사사화(乙巳士禍)라 한다.

 인종에 대해 정사는 부왕의 죽음을 너무 슬퍼한 나머지 병을 얻어 사망을 했다고 하지만 야사들은 어김없이 계모 문정 왕후가 독살했다고 기록하고 있다. 이 독살설은 당시 지식인들 사이에 광범위하게 받아들여졌다.

그 이유는 사화의 재발 때문이다. 기묘사화 이후 거의 종결되었던 사화가 인종 사망 직후 재연된 것이다. 인종이 죽고 그 시신이 채 식기도 전에 발생한 을사사화는 당시 지식인들로 하여금 독살설을 사실로 믿게 했다.

인종은 시종일관 사림파를 옹호했던 군주였다. 그는 죽음을 목전에 두고도 조광조 등 기묘사화 때 피해자들의 원통함을 풀어줄 것을 생각할 정도로 이상적인 사림 정치에 대한 열망을 지닌 군주였다. 그런 인종이 사망한 후 뒤를 이은 인물이 문정 왕후의 아들이었던 점은 인종 독살설에 더욱 불을 당겼다.

그런가 하면 정권을 잡은 소윤파에 의해 인종의 장례가 임시로 빨리 장사지내는 갈장(渴葬)으로 집행된 것도 독살설을 뒷받침하는 증거가 되었다. 이제 음모는 독살의 수준에까지 이르게 된 것이다.

을사사화를 통해 정권을 장악한 소윤파는 사림과 대윤파 잔여 세력들을 제거하기 위해 2년 후 "위로는 여왕, 아래로는 간신이 날뛰니 나라가 망할 것이다"라고 쓴 벽서가 나붙은 양재역 사건을 고의적으로 정치 쟁점화하여 정적들을 숙청하게 된다. 이 사건으로 유희춘(柳希春)이 제주도에 유배된다.

이로써 문정 왕후의 섭정 기간은 사림파에게는 암흑의 나날이었고 그 어두운 세월을 횡행한 것은 인종이 독살당했다는 은밀한 소문이었다. 사림파는 문정 왕후가 죽는 순간까지 분노를 삭이고 있어야 했다. 다시 말해 을사사화 이후는 개혁 주체 세력들의 기가 완전히 꺾이는 시대라는 뜻이기도 하다.

12세 명종을 대신하여 수렴첨정으로 왕권을 쥐고 흔들던 문정 왕후와 소윤파의 농간으로 사회가 극심하게 혼란스러워지자 자연 국방이 허술해졌고 이를 계기로 왜구가 기승을 부렸다.

왜구들이 배 70여 척을 이끌고 전라도에 침입하여 한때 전라도 일부를 점령하는 사태가 발생하여 민간은 막대한 피해를 입게 되는데 이를 1555년 을묘왜변(乙卯倭變)이라고 한다. 이 왜변 때문에 이희손이 제주도에 유배된다. 독실한 불교 신자였던 문정 왕후가 죽자 기세가 등등했던 승려 보우도 탄핵을 받고 제주도에 유배된다.

I. 유희춘(柳希春)

양재역 벽서 사건으로 대윤파로 지목된 유희춘은 1547년 제주도에 유배되고 후일 종성으로 옮겨진다. 유배 생활만 19년을 기록한 유희춘은 문정 왕후가 죽고 소윤파가 몰락하자 벽서 사건도 무고로 처리되어 다시 등용이 된다. 김굉필의 제자로 조광조와 함께 도통(道統)의 한 서열을 점하고 있는 사람이 김안국인데 유희춘은 김안국의 초전(初傳), 즉 1대

제자이다. 김안국을 스승으로 두었던 인물이었기 때문에 스승의 학풍을 제주도 사람들에게 소개했을 것 같지만 그에 대한 기록은 없다.

유희춘을 통해 제주도 유배라는 것이 정치 권력의 부침과 얼마나 긴밀한 관계를 맺고 있었는지 짐작하기 어렵지 않다. 그래서 조선의 지식인들에게는 유배가 정치적인 관습인 것처럼 다시 갔다 돌아왔다 하는 일에 익숙해 있었다. 그래서 그들은 정치 생활의 한 부분으로 유배를 받아들이는 일도 없지 않았던 것이다.

II. 이희손(李希孫)

을묘왜변 당시 전라도 강진을 책임 맡고 있던 이희손은 패전의 책임으로 제주도에 유배되어 군역에 종사하게 된다. 그런데 다음해에 왜구들이 제주도에 쳐들어와 민가를 불태우고 지금의 화북 지역을 점령하는 일이 발생하자 이희손은 제주도 사람들과 함께 그들을 상대하여 혁혁한 전과를 기록함으로써 이로 인해 유배형이 면제되어 서울의 도성을 수비하는 책임자로 영전하게 된다.

행운은 용기 있는 자를 편든다는 말이 있지만 이희손은 유배의 불행을 행운으로 바꾼 용기 있는 사람임에 분명하다. 이희손과 같이 책임 문책으로 유배되고 또 공로로 유배가 풀린 경우는 아주 드문 예로서 제주도 유배가 모두 정치적인 것만은 아니었음을 보여주는 예라고 할 수 있다.

그런데 을묘왜변 이후에도 왜구의 침입은 줄어들지 않았다. 드디어 도요토미 히데요시가 일본을 통일시키자 왜구는 이제 단순한 노략질 차원을 넘어 대규모 전쟁을 감행해왔다. 이것이 곧 1592년에 시작된 임진왜란이다.

III. 보우(普雨)

문정 왕후는 독실한 불교 신봉자였다. 봉은사의 승려 보우를 병조 판서에 앉히는 등 해괴한 인사를 행하기도 했고 선종과 교종을 모두 부활시키고 승과를 부활하는 한편 보우를 도선사 주지로 삼고 도대선사(都大禪師)에 올려놓기도 했다.

그녀가 죽자 승려 보우는 유림들의 탄핵을 받아 병조 판서에서 밀려나고 다시 승직을 박탈당해 제주도에 유배되어 비참한 죽음을 당한다.

> 꿈에 취한 듯 꿈속에 사는 세상에 와서
> 50여 년을 실없이 미쳐 날뛰었네
> 인간의 영예와 욕된 일을 다 해보았으니
> 중의 탈을 벗고 높고 높은 데나 오르련다

거짓 칭찬에 격려되어 마구 놀아나는 꼴을 두고 "저 중 잘 달아난다고 하니까 고깔 벗어들고 달아난다"고 하는데 아마도 보우 같은 승려를 보며 만든 말인지도 모르겠다. 제주도에서 남긴 시에서 보듯 보우는 후회막급의 심정을 아프게 토로하고 있다.

이런 경우를 두고 미련은 먼저 나고 슬기는 나중 난다고 하는가? 보통 사람도 아닌 당대의 고승이건만 권력 앞에서는 한갓 부나비였을 뿐이다. 어제나 오늘이나 이런 부분이 우리를 슬프게 한다.

현실과 성직을 분리할 수는 없지만 그럼에도 불구하고 성직자는 권력 장치 밖에 있어야 한다는 사실, 성직자가 권력 안으로 편성되면 그것은 이미 성직자로서의 변질이 불가피하다는 사실을 보우는 웅변한다. 학자도 물론 예외가 아닐 것이다.

선조 시대

혁명의 실패

 조선 제14대 임금인 선조 시대에 들어서면서 조선의 개혁 주체였던 사림 세력은 마침내 정권을 장악하게 된다. 사림파가 개혁 대상인 훈구파를 물리치고 집권하기 위해서는 선조 때까지 기다려야 했으나 그 동안 조선의 내부는 이미 곪을 대로 곪은 상황이었다.

 그것은 훈구 정치가 남긴 뼈아픈 유산이었다. 수차례의 사화를 겪는 동안 개혁 주체인 사림파는 개혁보다는 보신에 익숙해졌고 집권한 이후에는 어느덧 타도해야 할 적의 모습을 닮아감으로써 개혁 세력으로서의 역사성이나 순수성을 이미 잃어버린 처지였다. 그 결과가 당쟁이었다.

 사림파의 이러한 변화는 지난 문민 정부 이래 개혁 세력들이 집권을 하자마자 타도해야 할 적의 모습을 어느덧 빼어 닮음으로써 개혁 대상인 적보다도 오히려 더 반개혁적이었던 예에서도 되풀이된다. 과연 개혁이 얼마나 어려운 과제인가를 실감하게 한다.

그렇다면 왜 개혁 세력들이 이렇게 변모하게 되었을까? 그 이유야 여러 가지겠지만 그들은 정치 권력에 대한 비판의 기능을 포기했기 때문이다. 이에 대해 율곡 이이는 "기묘사화, 특히 을사사화 이후에 사림 학자들은 공포와 위협이 두려워서 조용히 살아가는 것만을 다행으로 여기고 누구도 국사를 논하려 하지 않습니다. 국사를 논했다가 희생될까 걱정하여 개혁에 대한 논의는 생각지도 못하는 것이 지금의 실정입니다"라고 지적했는데, 즉 사기가 꺾였다는 말이다.

이 말은 그들 스스로가 지식인임을 포기했다는 말이다. 이제 그들은 한갓 정치 사회의 부나비에 지나지 않게 된다. 그래서 그들은 이익과 보신을 위해 서로 뭉치게 되는데 이것이 곧 붕당(朋黨)이다.

집권한 사림파들은 다음과 같은 송나라 구양수(歐陽脩)의 붕당관에 따라 당파를 조성한다고 했다.

자고로 붕당이란 말이 있는데 다만 어느 편이 군자인가, 어느 편이 소인인가를 알아서 분별하면 된다. 군자끼리는 도가 같으므로 붕이 되고 소인끼리는 이가 같으므로 붕이 되니 그것은 자연적인 이치다. 그러나 내가 볼 때 소인들은 붕이 있을 수 없고 오직 군자만이 붕이 있을 수 있다. 〔……〕 군주가 소인의 위붕을 물리치고 군자의 진붕을 쓰면 나라가 잘되리라.

그러나 그것은 구실일 뿐이고 실인즉 이익과 보신을 위해 '뭉치면 살고 흩어지면 죽는다'를 실천하기 위한 파벌에 지나지 않는다.

조선 붕당의 시초는 바로 동인과 서인이었다. 주리론자로 구성된 동인과 주기론자로 구성된 서인들의 정쟁은 시간이 흐를수록 극한적인 대립 양상을 띠게 되었는데 이로써 당쟁의 시대가 열린다. 동서로 갈라진 두 당의 충돌을 최소화하기 위해 율곡 이이가 노력하지만 그가 죽자 본격적인 정치투쟁이 감행된다.

율곡 이이는 선조 당시를 대대적인 개혁이 필요한 경장기(更張期)라고 보았는데 조선의 깊은 상처를 정확히 인식한 혜안이었으나 이미 때는 늦은 지 오래였다. 율곡 이이는 나라가 망하고 있다고 절규하며 "이 사회에 예의와 염치가 없어지고 상호 비방과 상호 투쟁이 증가하고, 선비가 사리를 추구하기 시작한다"라고 하면서 선비가 사리를 추구하기 시작했다는 점을 특히 강조하였다. 선비의 사리 추구란 다름아닌 개혁 세력의 타락을 의미하는 것이었다. 타락과 가장 빨리 손을 잡을 줄 아는 부류들이 지식인이라는 것은 역사가 전해주는 뼈아픈 교훈이다.

율곡 이이가 죽자 중도파 세력들이 동인에 가세하면서 조정은 동인에 의해 장악되고 있었으나 정여립의 모반 사건이 발생하여 조정은 서인의 손으로 넘어가게 된다. 정여립은 본래 서인이었으나 동인에 들어가 서인을 비판했는데 그 이유로 서인의 미움이 집중되었고 그래서 동인의 후원에도 불구하고 관직을 내놓고 낙향을 하여 진안 죽도에 서실을 지어놓고 대동계를 조직하였다.

그의 명망에 힘입어 대동계의 세력이 확장되어 황해도까지 미치게 되면서 이들의 동정이 주목을 받게 되었고 마침내 역모를 꾸미고 있다는 고발에 따라 조정은 관군을 동원하게 되면서 정여립은 의문의 죽음을 당하게 된다. 정여립의 죽음으로 역모는 기정 사실로 굳어지고 이로써 동인이 대거 숙청을 당하는데 이를 두고 1594년 기축옥사(己丑獄事)라고 한다. 이 사건에 연루되어서는 소덕유가 제주도에 유배된다.

I. 소덕유(蘇德兪)

소덕유는 정여립과 숙질간으로 대동계에 동참했다가 결국 정여립 사건으로 1594년 제주도에 유배된다. 소덕유의 제주 유배가 중요한 이유는 민란 모의와 관계되어 있기 때문이다.

대동계의 일원이었던 길운절(吉雲節)이라는 사람이 제주도에 들어와 유배중이던 소덕유와 접촉을 하면서 모의는 시작된다. 1601년 그들은 제주도 사람 문충기·홍경원 등 10여 명을 끌어들여 높은 세금과 과중한 부역, 권력자들의 가렴주

구를 규탄하며 제주 목사와 삼읍의 수령을 없애기로 하는 등 도민들에 의한 반란을 획책하는데 결국은 소덕유 부인의 고발로 음모는 발각되고 20여 명이 중앙으로 압송되어 주모자들은 죽음을 당하게 된다.

소덕유와 길운절은 대동계원이었던 것으로 보아 정여립에 대해 많은 기대를 가졌었음이 틀림없다. 정여립은 명나라에 대한 굴욕 외교나 국가 재정과 병력, 그 자신이 관련된 정쟁 등을 통해 나라에 대한 절망이 깊었던 소외 지식인으로서 고질적인 사대부 세력의 허수아비에 지나지 않는 군주의 권위를 부정하여 새로운 변혁의 평등 사상을 가졌던 당대의 이단아였다.

그는 대동계를 만들고 신분에 제한 없이 완전한 평등으로 그들을 집단화하였는데 대동계의 구성은 양반·양민·상민·사천·노비까지도 평등하게 망라하는 일련의 급진적 사회 운동이었다. 그는 대동계를 통해 왜구를 격멸하였고 왜구 격퇴를 성공시킨 다음 나라가 위급할 때는 언제라도 창의하자고 주창했다. 그 세력이 황해도까지 확장될 수 있었던 것은 임진왜란 직전의 불안한 민중의 마음을 사로잡을 수 있었기 때문이었다.

길운절이 소덕유를 만나 서로 의기가 쉽게 투합된 점을 미루어볼 때 정여립에 대한 신뢰가 컸었음을 알 수 있다. 이단에 대한 신뢰, 그것은 근왕주의(勤王主義)를 부정하고 왕도 백성의 진리에 입각해서 죽일 수 있다는 민주적 혁명 이론에 대한 신뢰이기도 하였다. 따라서 정여립을 대신하여 길운절과 소덕유는 그가 주창했던 새로운 변혁을 도모하고자 했고 그 장소로 제주도를 선택했지만 실패하고 말았던 것이다.

실패는 너무도 당연한 것이었다. 그것은 모의가 조직적이지 않았다는 현실적 요건을 지적하는 것이 아니라 어떤 희망도 재생시키지 않는 당대의 관료주의적 복종의 틀에서 이단이 틈입할 자리는 결코 없었음을 지적하는 아픈 체험이다.

그들이라고 이것을 모를 까닭이 없으며 그러기에 그들은 실패를 예감한 혁명이라고 할 수 있다. 시인 H. 하이네가 "혁명은 불행이다. 그러나 가장 큰 불행은 실패한 혁명이다"라고 하였듯이 그러기에 그들은 가장 불행한 사람들이기도 했다.

신채호는 『조선상고사』에서 정여립 사건을 두고 "혁명성을 가진 인물은 매양 실패로 마칠 뿐만 아니라 사회에서도 그를 한질(恨嫉)하여 언론이나 행사의 종적까지 소멸시키는 고로 후세에 끼치는 영향이 거의 영도(零度)가 되고 오직 삼백 년이나 오백 년 뒤에 한둘 지음(知音)이 있어 그 유음을 상(賞)할 뿐이다"라고 했는데 그것은 소덕유와 길운절에게도 해당되며 문충기와 홍경원을 비롯한 제주도 사람들도 마찬가지다.

이 사건은 비록 모의 수준에서 발각되었지만 그 여파는 매우 컸다. 이 사건으로 조정에서는 제주도를 역향(逆鄕)으로 읍호를 강등시키고자 했다. 역향이란 다름아닌 '반역의 고을,' 영화 제목으로 어울림직한 '배반의 도시'라는 뜻이다.

 이런 읍호의 강등은 그 고을에서 반란·역적과 같은 중죄를 저질렀을 경우에 행하여지는 것으로서 비록 이항복의 반대로 취소되기는 했으나 제주도에 대한 당대 인식의 한 면을 볼 수 있는 내용이다.

 강등을 시키지 않았다 하더라도 제주도는 애초부터 반역의 고을, 배반의 도시였다. 탐라국의 분리주의적 성향과 유배 지식인들의 비판주의적 태도가 맞물리면서 형성된 제주도 특유의 유배 문화적 성격인 반골 의식은 그 반역의 증거라고 할 수 있다. 제주도 출신의 뛰어난 소설가 현기영의 수작 『변방에 우짖는 새』는 반역의 고을에서 일어났던 아픈 일들을 기록한 것이고 이것을 영화화한 작품이 바로 「이재수의 난」이다.

 소덕유 사건의 뒤처리와 흉흉해진 제주도의 민심을 달래고자 조정에서는 어사 김상헌을 파견하였다. 그는 도민의 의구심을 덜어주기 위해 민정 시찰은 물론 비정기 과시를 행하여 4명을 합격시키기도 하였다. 비정기 과시는 지역의 민심을 달래기 위한 일종의 회유책이었다.

 김상헌의 제주도 사람들에 대한 인상은 매우 긍정적이어서 읍호 강등을 주장하던 일부의 편견과 아주 대비된다.

나는 지방민을 보니 밖으로는 어리석은 듯하나 안으로는 공교로운 지혜가 많아서 일찍 자기의 곤고한 일과 수재의 나쁜 일을 말하여 일일이 밝히고 매우 조리가 있었으며, 또 의리를 섞어 말하여서 남들에게 경청토록 하였는데 단연히 전연 어리석은 무리가 아니었다.

바로 그 애정과 긍정 때문에 그는 후일 제주 5현의 한 사람으로 귤림서원에 배향될 수 있었다. 지식인의 사람에 대한 애정은 참으로 중요한 미덕이다. 때로 그것을 두고 나약함이라 빈정대기도 하지만 사람에 대한 애정이 없고서는 지식의 방향이 결코 올바를 수 없다. 김상헌이 후일 병자호란으로 치국이 임박하자 척화를 외치며 자결을 꾀했던 것도 올바른 지식의 방향에서 결과된 나라에 대한 애정 때문이었다.

광해군 시대

파당의 행진

"군자는 화합하되 사욕을 도모하지 않으며 소인은 사욕을 도모하되 남과 화합하지 못한다"고 했지만 이제 군자는 없고 소인만이 득실거리는 세상이 된다. 선조 시대에 들어서면서 시작된 사림의 분열은 이후 무엇이 무엇인지 모를 만큼 찢어지고 갈라지며 조선이 망할 때까지 혼란의 극치를 이루며 전개된다. 꼴사납고 더러운 '바보들의 행진' 바로 그것이었다. 개혁은 사라진 지 오래고 남은 것은 파당뿐이었다.

동인·서인에서 동인은 다시 남인·북인으로 서인은 공서·훈서로 갈리고 북인은 다시 대북과 소북으로 대북은 다시 골북·육북·중북으로 소북은 탁소북·청소북으로 갈린다. 공서는 노서·소서로 노서는 다시 원당·낙당으로 갈리고 청서도 한당·산당으로 갈리며 남인은 청남·탁남으로 갈린다. 청서는 다시 한당·산당에서 노론·소론으로 갈린다. 그것이 시파·벽파로 되었다가 영정조의 탕평책을 지나 노론·소론·남인으로 이어지며 김씨·조씨·권씨의 세도정치의 파탄을 지나 대원군에 와서야 붕당은 일단 표면적인 종막을 내리게 된다.

이런 점에서 동서 분당 이후 조선의 역사는 당쟁의 역사였다는 이기백의 지적이야말로 백 번 타당하다. 개혁의 시대는 종언을 고하고 당쟁의 시대가 도래했던 것이다. 그렇다면 왜 이리 찢어지고 저리 갈라졌을까 따져보지 않을 수 없다. 이에 대해 많은 얘기들이 있으나 성호 이익의 지적만큼 명쾌한 것도 찾아보기 힘들다.

그는 다음과 같이 말하였다.

지금 열 사람의 굶주린 사람들이 한 그릇의 밥을 먹는다고 하자. 다 먹기도 전에 싸움이 일어날 것이다. 왜 싸우느냐고 따지면 언사가 불손했다든지 태도가 건방지다든지 여러 가지로 말할 것이다. 그러나 싸움의 원인은 언사나 태도나 동작에 있는 것이 아니라 밥그릇이 하나라는 데 있는 것이다. 만약에 열 사람에게 한 상씩 대접한다면 점잖게 잘 먹고 일어날 것이 아니겠는가.

그에 따르자면 당쟁이란 그것을 아무리 그럴듯하게 포장했어도 결국은 지식인들의 밥그릇 싸움에 지나지 않는다.

이 지적은 옳다. 당시 조선의 정치나 사회·경제적 환경은 아직은 많은 지식인들을 흡수할 만한 여유가 없었음에도 불구하고 사림이라고 하는 지식인의 인구는 과잉되었고 따라서 그들이 현실적으로 기댈 곳이 모자랐던 것은 사실이었기 때문이다.

 그래서 그들은 대거 정치 사회에 뛰어들게 되는데 그것은 필연 부패로 이어지게 마련이다. 정치 권력의 비판적 지성이야말로 지식인의 제대로운 위상일진대 정치 사회의 부나비가 된 마당에서 그들에게 비판 의식을 기대한다는 것은 사막에서 물을 구하는 목마름일 뿐이다. 그러기에 이미 그들은 지식인이 아니다.

 그들은 이미 개혁 주체 세력도, 지식인도 아닌 정치 사회의 부나비였던 것이다. 그들이 지식인이라면 당대 조선에 구체적으로 존재하는 위기들에 대한 인식에 기반하여 그 위기들에 대항할 윤리적 태도를 자각하고, 조직적인 실천을 주도하고자 했겠지만 그들은 지식인으로서의 윤리적 태도를 상실한 지 이미 오래였다. 이 과정에서 그들은 밥그릇 보위 계층으로 전락했다. 자파의 밥그릇을 분명히 보위하기 위한 타파 배척 장치로 적극 활용한 것이 유배형이었다.

 당쟁의 역사가 시작되면서 많은 지식인들이 유배됨에 따라 제주도 유배의 역사는 새로운 국면에 접어든다. 제주도 사투리에 "붕당붕당 하지 말라"라는 표현이 있다. 쓸데없는 소리나 군소리를 하지 말라는 뜻으로 사용되고 있지만 본래는 붕당을 만들지 말라, 붕당을 만들어 쓸데없는 소리, 쓸데없는 짓을 하지 말라는 뜻이었다. 붕당 정치의 결과로 유배를 오는 사람들을 지켜보며 제주도 사람들이 터득한 교훈이자 중앙 정부와 지식인들의 허위 의식에 대한 민중의 질타가 숨겨져 있는 것이다.

당쟁의 모양을 두고 상호 견제의 의회 정치 표본이라고 얘기하는 사람도 있는 모양이다. 찢어지고 갈라진 것이 오늘 우리 의회의 모양새와 닮았다는 뜻이라면 수긍이 가나 그것이 아니라면 당쟁이 결과한 폐해를 직시해볼 때 백 번을 양보한다 해도 그 얘기를 받아들이기는 힘들다. 차라리 "불교는 고려를 망쳤고 유교는 조선을 망쳤고 기독교는 자유당 정권을 망쳤다"는 함석헌의 분기에서 배우는 점이 더 많다.

선조는 말년에 인목 왕후를 통해 영창 대군을 보게 되는데 이로써 조정은 당시 세자의 지위에 있었던 광해군을 지지하는 대북파와 영창 대군을 지지하는 소북파로 나뉘게 된다. 당시 실권자인 소북파 유영경은 적통론에 입각해 영창 대군을 세자로 추대하려 했지만 그러나 선조가 급사하고 광해군이 즉위하자 소북파는 몰락하고 정인홍 중심의 대북파가 정권을 잡게 된다. 이홍로(李弘老)는 이 과정에서 제주도에 유배된다.

대북파는 왕통의 취약성을 은폐하려고 왕권을 위협하는

모든 세력들을 제거하기 위해 많은 인명을 희생시키고 패륜 행위를 일삼게 된다. 그 첫번째 작업으로 눈엣가시 격인 선조의 첫째 왕자인 임해군을 제거한다. 이어 대북파는 영창 대군 지지파인 소북파를 몰아내기 위해 1612년 '김직재의 옥'을 이용하여 많은 사람을 역모자로 만들어 제거하는데 이때 진릉군 이태경과 송상인이 제주도에 유배된다.

I. 이홍로(李弘老)

왕비 박씨가 죽은 후 계비를 맞아들인 선조는 영창 대군을 보게 되었다. 이에 소북파에서는 영창 대군을 세자로 삼을 것을 꾀하였다. 그러나 선조가 갑자기 죽게 되므로 광해군을 밀던 대북파가 정권을 잡고 소북파를 몰아내게 되는데 이때 이홍로는 1608년 제주도에 유배되었다가 1612년에 서울로 압송되어 처형된다.

『동국붕당원류』에는 "이홍로·홍여순 등이 국권을 마음대로 휘둘러 왕을 업신여기고 이이를 탄핵하여 당쟁을 조정하는 일을 방해했을 뿐만 아니라 성혼·박순·정철 등을 공격하여 결국은 정여립의 반란까지 일어나게 했다"고 기록되고 있는데 권력 투쟁의 분파 과정에서 유배되어 죽음을 당한 것이다.

II. 이태경(李泰慶)·송상인(宋象仁)

1612년 김직재의 옥은 병역 회피를 위해 어보와 관인을 위조한 김경립을 문책하는 과정에서 모반 획책을 자백받고 이를 이용한 사건이다. 역모 주동자 김직재는 김경립으로 하여금 일군의 소북파 인사들과 특정한 날을 잡아 도성을 무너뜨려 진릉군 이태경을 왕으로 옹립하려 했다고 허위 자백하게 하고 이를 이용하여 1백여 명의 소북파를 대거 숙청한다.

진릉군 이태경처럼 궁중의 권력 투쟁에 종친들이 희생양이 되는 경우는 비일비재했다. 가장 흔한 것이 어느 종친이 왕이 되려 한다는 모함이었다. 이런 모함은 중종 반정 이후 흔히 정적을 제거하는 수단으로 악용되었다.

종친이란 원래 부계의 친척을 말하지만 왕조 국가에서는 임금의 친척을 일컫는다. 이런 종친들은 원칙적으로 정사 간여가 금지되어 있었다. "지위는 높고 녹은 후하나 정사 간여는 금한다"는 원칙을 천명한 것은 고려의 광종이었다.

그런데 조선조에 들어서면서 이 원칙은 수난을 당하는데 종친들의 정사 간여의 결과는 늘 말썽의 연속이었다. 그 대표적인 것이 태종의 아들 양녕 대군이었다.

종친들의 의도와는 상관없이 권력의 게임 법칙 때문에 종친들은 항상 권력 투쟁의 한가운데 놓여 있을 수밖에 없었다. 왕조 국가에서 왕권 찬탈과 같은 음모야말로 가장 치명적인 것이기 때문에 정적을 제거하기 위한 방법으로 특정 종친을 둘러싼 음모설을 조작하기란 너무도 흔한 일이었다. 그래서 종친으로 태어난 것은 때로 영광이기보다 저주였다. 그런 상황을 잘 알고 처신함으로써 목숨을 보전할 수 있었던 사람으로는 성종의 형인 월산 대군을 들 수 있다.

이로써 선조의 아들 순화군의 양자였던 진릉군 이태경은 제주도에 유배되는 도중에 처형되고, 이때 역모를 모의했던 한 사람으로 지목된 송상인은 다행히 죽음을 면해 제주도에서 10년을 지내면서 비슷한 시기에 유배된 정온·이익 등과 시문을 교류하며 지내다 인조 반정으로 유배가 풀려 돌아간다.

동래 부사로 재직시 왜군이 쳐들어오자 죽음으로써 그들과 대항하였던 순국 충절의 송상현은 송상인의 형으로서 제주 목사로 재임했을 때에도 선정을 베풀어 도민들의 칭송을 받았던 사람이다.

화옥의 빛깔

소북파를 몰아낸 대북파는 이어서 어리지만 가장 위협적인 존재인 영창 대군을 제거할 계획을 세운다. 대북파는 1613년 일곱 명의 서자가 벌인 단순한 강도 사건인 '칠서의 옥'을 영창 대군 옹립 모의로 교묘하게 꾸며 많은 서인과 남인 세력들을 제거한 뒤 인목 왕후의 아버지 김제남을 사사하고 영창 대군을 폐서한 후 곧 살해하였다.

이 사건을 두고 1613년 계축화옥(癸丑禍獄)이라고 하며 이 과정에서 영창 대군 살해의 부당성을 지적한 정온이 제주도 대정에 유배된다.

I. 정온(鄭蘊)

대북파가 영창 대군을 역모자로 만들어 강화도에 유배시킬 때부터 강력하게 반대했던 동계 정온은 결국 영창 대군이 살해되자 그것을 주도한 강화 부사 강항을 문책할 것과 영창을 대군의 예로서 장례를 지내고 사후 추증하는 은혜를 베풀 것을 상소하다가 광해군의 미움으로 1614년 제주도 대정현 인성리에 유배된다.

정온은 광해군 시대를 주름잡았던 대북의 영수인 정인홍의 제자였다. 그래서 처음에는 스승을 따라 대북이 되었으나 영창 대군 문제로 스승과 알력이 생기면서 스스로 제자의 적을 없애고 중북이 되었다가 인조 반정 후에는 남인이 되었다.

이렇게 당적을 바꾼 것은 그의 소신 때문이었다. 스승을 포함하여 대북의 우두머리였던 이이첨을 강력하게 비판했던 점이나 영창 대군 문제를 소신 있게 거론했던 점 그리고 후일 인조 반정으로 유배가 풀려 벼슬에 나가 1636년 병자호란 때 화의를 적극 반대하였지만 화의가 성립됨에 분하여 할복자살을 도모한 점 등에서 볼 수 있는 특유의 강하고 굳센 기상이 그것을 뒷받침한다.

위나라 대부 사어는 매우 강직하여 공자가 말하기를 "그는 나라의 정치가 깨끗할 때에도 화살 같은 곧음으로 충성을 다했으며 정치가 혼란할 때에도 화살같이 곧은 충언을 하였다"고 칭찬을 했는데 정온 역시 화살처럼 곧은 사람이었다.

스승을 배신하는 배사(背師)야말로 당대 지식인의 최고 금기였던 상황에서 배신해야 할 스승임을 판단할 줄 아는 지혜와 그리고 스승을 배신할 줄 아는 용기를 가졌음은 축복이라고 해야 할지 비극이라고 해야 할지 모르겠으나 역사의 결과는 정온의 손을 들어주었다. 그러나 이것은 아무나 취할 수 없는 아픈 선택이다. 배신의 기준이 이익이 아니라 소신이기 때문에 더욱 그렇다.

그는 제주도에서도 일관된 소신을 유지했는데 유배될 때 많은 양의 책들을 가지고 와 독서로써 일과를 삼았다. 대정현감 김정원이 적소 경내에 서재용으로 두 칸의 집을 지어주었으므로 그곳에서 지방 유생들을 가르치고 비슷한 시기에 유배된 송상인·이익과 어울려 시문을 교류했을 뿐 아니라 지방 사람들에게 예를 가르치고 어려운 일을 해결해주기도 했다.

이에 대해 정온의 문집인 『동계집(桐溪集)』에는 다음과 같이 기록되고 있다.

   대정 백성들은 처음에 장유의 차례와 상하의 구분이 없었다. 선생이 이를 구별하여 늙은이를 먼저하고 젊은이를 뒤에 하여 그 좌석을 구별하였다. 또 연소한 자들을 뽑아 글을 가르치고 인륜을 베푸니 이로부터 장유와 상하가 조금은 조리가 있었다. 또 전후하여 부임해온 수령들이 모두 무인으로 날마다 백성들을 사냥에 동원시켰으므로 백성들은 농사를 지어서 삶을 영위할 수가 없었다. 선생이 현감에게 말하여 당시 사냥하는 사람들을 모두 농토로 돌아가게 하니 백성들이 모두 선생을 우러러 사모하였으며 귀양에서 풀려 돌아갈 때에는 울면서 그를 따라 친척을 이별하는 것과 같이 하였다.

   그런가 하면 정온은 이색적인 제주도 풍경을 노래하기도 했는데 특히 노동요를 듣고 느낀 정감을 잘 표현하고 있다. 노동요는 제주도 민요의 전부라고 해도 과언이 아니다. 특히 노동요의 그 구슬픈 소리에 자신의 처지를 기묘하게 뒤섞어 노래한 방식은 유배의 고통을 더욱 실감나게 한다.

   이 지방엔 방아 찧는 풍속이 없으니
   마을 아낙네 절구공이를 안고 노래부르네

높고 낮음이 가락이 있는 것 같고
끊일락 이을락 서로 조화를 이루네
모름지기 그 뜻을 알아듣고자 하여
자주 들으니 점점 귀에 익네
처량하게 새벽달에 잠 못 이루어
먼 곳에서 온 나그네 머리만 세는구나

—「촌녀저가(村女杵歌)」

인조 때 유배된 이건이 집필한 『제주풍토기』에도 "여인들이 절구를 찧을 때는 군취(群聚)하고 힘을 합하여 절구공이 노래(杵歌)를 제창하면서 찧으므로 경각에 두여 휘(斛)의 곡식을 능히 장만할 수 있으나 그 노랫소리가 슬프고 처량하여 차마 들을 수가 없다"고 씌어져 있다.

또한 정온은 중국 은대로부터 남송 시대에 이르기까지 어떠한 곤란과 우환을 당하여도 정도를 잃지 않았던 59인의 행적을 모은 『덕변록』을 묶어 자성서로 삼았고 매년 정월 초하루 새벽에는 자경담을 지었다. 자경담이란 일종의 반성문으로 그것은 곧 자아의 주체를 지키고자 하는 올곧은 자세의 표본이라고 할 수 있다.

10년이라는 긴 시간을 올곧게 견디는 일은 쉽지 않은 일이다. 10년이면 강산도 변한다는 말이 있듯이 한 인간의 기상쯤이야 오죽하겠는가. 그러나 어떤 처지에서든 쉽게 흔들리지 않는 삶들이 있다. 정온이 그렇고 김정희가 그렇다. 제주도 밖에서는 다산 정약용이 그렇지 않았는가. "마음이 어질지 못한 사람은 곤궁에 오래 처하여 있지 못한다"는 공자의 말도 있지만 그들은 마음이 어질어서 그랬는가.

다른 유배인들에게 흔했던 소실도 그들은 맞아들이지 않았다. 무슨 재미로 유배 생활을 견뎠는가 하는 우문이 튀어나올 법도 하다. 허나 삶을 어디 재미로만 사는가. 김정희는 서법 연구와 함께 제자를 키웠고 정약용은 수많은 저서를 집필했으며 정온 역시 서재 생활로 나날을 보냈다. 정온은 서

동계 정온의 유허비. 대정의 보성 초등학교 교내에 세워져 있다.

재 생활을 통한 자기 완성자의 길을 택했던 것이다.

1843년 이원조 목사는 정온을 봉향하기 위해 대정에 송죽사(松竹祠)라는 사묘를 세웠는데 정온의 호를 따서 동계사(桐溪詞)라고도 불리는 이곳은 후일 송죽 서원으로 발전된다. 그 명칭을 송죽이라 한 것은 정온이 대정에 유배되면서부터 손수 소나무와 대나무를 심어 키웠고 유배가 풀려 중앙으로 돌아간 뒤에는 이를 시로 읊어 남겼는데 이렇듯 송죽에 심취했던 정온의 취미를 그리고 송죽을 정온의 절개에 비유하여 붙인 것이다.

II. 김제남(金悌男)의 부인 노(盧)씨

계축화옥의 원인인 '칠서의 옥' 취조 과정에서 인목 왕후와 그의 아버지 김제남이 광해군을 양자로 삼았던 의인 왕후의 능에 무당을 보내어 저주했던 일이 발각됨에 따라 김제남이 처형되고 영창 대군이 강화도에 유배된다.

이 일로 김제남의 부인이며 인목 왕후의 어머니인 노씨는 1618년 10월 제주도에 유배된다. 노씨의 제주도 유배는 여자로서는 최초의 예다.

그녀는 제주도에서 생계를 꾸려가기 위해 술을 빚어 팔았는데 이 술을 제주도 사람들은 모주(母酒)라고 불렀다. 적거지의 주인인 전량(全良)을 비롯한 여러 제주도 사람들이 노씨를 도왔다. 술이 없는 곳에 사랑은 있을 수 없다는 말을 입증이라도 하듯 모주 덕택인지 노씨는 제주도 사람들로부터 많은 사랑을 받았다.

그러나 제주 목사 양호만은 대북파의 눈에 들기 위해 그녀를 몹시 괴롭혔다. 그는 당시 포악한 지방관으로 악명을 날리고 있었다. 술장사하는 여자를 농간하는 버릇은 예나 지금이나 권력 주변에 있는 사람들의 허세 가운데 대표적인 것이다.

인조 반정으로 5년여 만에 유배에서 풀려 돌아가게 되면서 노씨를 괴롭혔던 양호는 처형된다. 한편 노씨를 도왔던 집주인 전씨는 서울로 동행하여 첨사(僉使)라는 무관 벼슬을 받게 된다.

실패한 혁명

'칠서의 옥'을 일으킨 일곱 명의 서자 가운데 서양갑·심우영 등은 『홍길동전』의 저자로 유명한 허균과 평소 친분이 두터웠다. 그들이 처형을 당하자 허균은 신변의 안전을 도모하기 위해 대북파에 가담하게 되고 그들의 도움과 광해군의 신임을 바탕으로 권력 상층부까지 오르게 된다.

그러나 허균은 서얼 차별을 없애고 신분 계급을 타파하며 붕당을 혁파해야 한다는 이상 아래 이를 현실화시킬 혁명을 도모하다가 1618년 계획의 탄로로 능지처참에 처해진다. 이 사건에 연루되어 원종이 제주도에 유배된다.

I. 원종(元悰)

『홍길동전』의 저자이자 한국 여류 문학에 큰 획을 그은 허난설헌의 동생인 허균은 자신이 모아온 세력을 바탕으로 혁명을 꿈꾸고 있었다. 제도권의 타락이 극심하게 되면 혁명은 언제나 모의되게 마련이다. 허균이 문제를 삼은 것은 특히 구제도의 폐단이었다.

권신과 간신은 예로부터 구제도를 그대로 유지하려고 하는데 이걸 고치지 아니하고 기강을 세우지 않을 뿐만 아니라 그러한 노력조차 없고 개혁을 하려고 하지 않을 때 민생고는 가중되고 결국 나라는 망하게 마련이다. 이럴 때 혁명이 모의되지 않는다면 그것이야말로 비정상이다.

허균은 혁명을 실천하기 위해 우선 한성을 장악할 것을 결심하고 수하들을 시켜 북방에 오랑캐가 쳐들어왔고 남쪽에 왜구가 쳐들어왔다는 헛소문을 퍼뜨리고 이 내용이 담긴 방을 붙이게 하였다. 전란에 관한 방이 나붙자 장안은 전쟁 분위기에 사로잡혀 피난 가는 사람들이 늘어나기 시작했고 허균은 민심의 동요가 더욱 극심해지면 그 틈을 노려 한성을 점령할 계획을 세웠다.

그러나 불심검문에 걸린 부하가 거사 계획을 발설함으로

써 혁명 계획은 실패로 돌아가고 허균은 능지처참에 처해진다. 허균의 혁명 동지인 원종은 1618년 제주도 정의현에 유배되었다가 1623년 처형된다. 이래서 혁명가는 무덤 속에서만 평화를 발견한다고 했던가?

혁명은 매번 모의되지만 매번 실패한다. 그것은 행동보다 이념에 익숙했던 조선 지식인들의 당연한 한계인지 모른다. 혁명이란 구체적인 행동의 현실임에도 불구하고 그들은 여전히 이념의 포로였다. 조선이라는 이념의 시대에서는 당연한 선택일는지 모르지만 그러나 행동은 없고 이념만 있을 때 그것은 환상이기 쉽다.

그러기에 사회 혁신을 꿈꾸는 소설이라고 하는 『홍길동전』은 한 지식인의 환상일 뿐이었다. 이 땅의 지식인들이 이념의 환상에서 깨어나기 시작한 것은 조선의 패망을 목격하게 되면서부터였다.

폐모 반대

대북파는 정권을 독점하게 되자 1615년 또다시 '신경희의 옥'을 꾸며 능창군을 죽이고 1618년 계축화옥를 다시 거론하여 이를 빌미로 영창 대군의 어머니인 인목 왕후를 폐비시킨 뒤 서궁으로 유폐시킨다. 이 일은 당시 좌참찬인 허균의 주장 아래 진행되었다. 이때 이익과 조직이 폐모 반대를 주장하다 제주도에 유배된다.

I. 이익(李翼)

인목 대비 폐모를 반대하다 제주도에 유배된 간옹(艮翁) 이익은 이황의 수제자인 정구와 절친했던 사이로 영남 학파의 전통을 계승하는 지식인이었다. 특히 이익은 김진용·고홍진·문영준과 같은 걸출한 제주도 사람들을 문하에 배출함으로써 제주도의 문교 발전에 큰 기여를 한다.

이익이 배출한 김진용은 그의 호를 딴 명도암이라는 마을이 지금도 제주시에 존재할 만큼 명망 있는 학자였다. 사마시에 급제하고 이어 성균관에 진학하여 참봉으로 천거되었으나 나아가지 아니하고 제주도에 돌아와 훈학에 전념하였던 당대 제주 유림의 거물로서 후일 향현(鄕賢)으로 추대된다.

> 영주산 제일봉에 홀로 서 있으니
> 하늘을 보고 바다를 바라보니 아득하여 형용키 어렵네
> 성역에서 황홀히 놀다 앞뒤를 바라보니
> 동산에 올라보고 노나라가 작다는 것을 이제 믿겠네

이익이 한라산에 올라서 남긴 시 가운데 한 편이다. 대개

제주 말은 몸집이 작고 체질이 강건하여 성품이 온순한 특징을 지녔으며 병에 대한 저항력과 생존력이 강하여 농경 사역과 수송 수단으로도 이용되어 제주의 농경 문화와 산업 발전에 이바지하였다.

의 유배인들이 처연함을 토로하는 시를 남겼는데 이 시에서는 오히려 호연지기의 기상이 엿보인다. 아마도 한라산이 그 동안 잠들었던 이익의 기상을 일깨워주었으리라.

이익은 은둔하는 심정으로 유배 생활을 하면서 제주의 헌마 공신 김만일의 딸을 소실로 삼았다가 5년 후에 떠난다. 이로써 그는 경주 이씨 국당공파(菊堂公派) 입도조가 된다.

김만일은 돈 버는 기술과 마축 개량 번식에 남다른 기술이 있었던 사람으로 임진왜란 여파로 마필이 절대적으로 고갈되었던 조정에 양마 500필을 헌상함으로써 일약 상신 계열의 종1품에 해당하는 벼슬을 제수받는다.

인조 때 유배를 왔던 이건은 그의 『제주풍토기』에서 "김만일의 말은 많아서 수천 필에 이르러 불가기수다. 신관이 입거할 때마다 체임 진상마를 만일로부터 징하여 3년 간 소중이 사양하고 습재하였다가 체귀시에 임하여 진헌한다"고 했다.

김만일의 뛰어난 마축 개량 번식 기술에 대해 이건은 "만일은 절종을 걱정하여 준마로 취해 감직할 것을 택하여 일부러 그 눈에 상처를 내어 봉사가 되게 하거나 혹은 가죽과 귀를 째어서 병신 마를 만들어 이것을 잘 보존하여 종마로 취급하였다"고 했다.

김만일과 같은 제주도 토착 세력들이 자기 딸을 유배인에게 헌납한 경우는 앞에서도 보았지만 피동적인 것이 아니라 적극적인 선택이었다. 제주도에서는 여식이 소실이 되는 데 대하여 부모가 찬성·불간섭·묵인의 태도를 취하는 것이 통례인데 이런 경향은 육지에서는 도저히 찾아볼 수 없는 경향이다.

김만일의 경우는 일종의 정략 결혼이라고도 할 수 있겠지만 상신 계열의 종1품에 해당하는 벼슬을 가진 집안 입장에서 양가(良家)의 전통과 위세를 구축하기 위한 방법으로 거물 정객과 관계를 맺고자 하는 것은 당연한 욕심이다. 그러나 제주도에 살면서 그것을 정상적인 방법으로 해결하기란 어려운 일이었다. 결국 고위 정객의 유배는 이를 용이하게 해줄 수 있는 하나의 장치였다.

유배인 입장에서는 제주도 토착 세력과의 관계맺음을 통해 어려운 유배 생활을 견뎌낼 수 있는 이점이 있기 때문에 결국 양자의 이해가 맞아떨어짐으로써 가능한 조치였다. 그러나 유배가 풀려 조정으로 복귀할 때는 그들 대부분은 소실과 슬하의 자식들을 그냥 제주도에 두고 감으로써 결과적으로 문벌 형성을 가능하게 했다. 김제 지방 민요에 "저 산 너머 소첩을 두고 밤길 걷기가 난감하네"라는 구절이 나오지만 유배인들이 제주도를 떠날 때 소실을 두고 가며 과연 난감해 했었을까?

유배인들 가운데 유배가 풀려 돌아갈 때 제주도에서 맞은 소실과 그로부터 생겨난 자식을 데려간 사람은 아무도 없다. 왜 그랬을까? 예로부터 소실을 두고 추선(秋扇)이라고 하여 더위가 가시고 선선한 가을이 되면 필요가 없어 버려지는 부채에 첩의 불우함을 비유하곤 했는데 제주도 유배인들의 소실이야말로 용도 폐기된 추선 꼴이라고 해도 과언이 아니다. 아마도 유배인들은 기생 첩과 마찬가지로 제주도의 소실을 천첩(賤妾)으로 여겼기 때문에 그랬을는지 모른다.

그러나 유배인의 소실은 오히려 제주도에 남아 있음으로 해서 얻는 것이 더 많았을 것으로 판단된다. 유배가 풀려 돌아가는 남자를 따라간다 한들 천첩 이상의 대접은 받지 못했을 것이지만 제주도에서는 본래부터 처와 첩 사이에 신분 차이가 거의 없을 뿐 아니라 더욱이 유배인의 첩이라는 위치는 다분히 특권의 상징이 되고도 남았다. 제주도의 문벌을 이루는 대표적인 가계들이 그 소실의 후손들이라는 사실만을 보아도 그렇다.

제주도에 형성된 이익의 가계는 지금의 제주시 오라동을 중심으로 제주도 문교 발전에 남다른 공헌을 하였는데 증손인 이중발과 고손인 이수근은 정시에 급제하는가 하면 구한말의 이기온과 그의 아들 이응호는 당대 제주 유림을 대표하는 강골들이었다.

특히 이기온은 척사 위정의 거두 최익현이 제주도에 유배를 오자 그와 사제의 인연을 맺으며 이응호는 또 다른 척사 위정의 거물 기정진과 인연을 맺고 집의계를 결성하는 등 가계로부터 계승된 지식인의 비판주의적 태도를 올곧게 보여준다. 지금 제주시 연동에 있는 북제주군청 앞 문연사(文淵社)는 원래 이기온에게 교육을 받아 은혜를 입은 광산 김씨와 제주 고씨의 문중에서 그의 유덕을 기리기 위해 제사지내던 곳이다.

II. 조직(趙稷)

조직은 유생 신분으로 바로 인목 왕후 폐비의 부당성을 지적하다가 제주도 대정에 유배된다. 광해군은 특히 유생들과 마찰이 심했다. 대북파의 정인홍이 이언적과 이황의 문묘 배향을 반대하자 성균관 유생들은 유생의 명단인 청금록에서 정인홍의 이름을 삭제하는 사건이 발생한다.

광해군은 이 사태에 대해 강경한 입장을 보이며 유생들을 모두 성균관에서 쫓아내는 조치를 취한다. 이 때문에 그는 등극 초기부터 유생들과 등을 지고 만다. 예나 지금이나 지식인 또는 유생과 같은 예비 지식인들로부터 지탄받는 정권은 오래가지 못한다. 어느 때든 그들과 정권과는 비판적 동반 관계가 요망된다.

한때 비판적 지지라는 용어가 회자된 적이 있으나 그것은 단순한 말의 조합이라기보다 현실과 대응하여 지식인들이 근거하는 방법을 잘 드러낸 표현이라고 할 수 있다. 결국 유생들이 등을 돌림으로써 인조 반정은 광해군이 재촉한 셈이 되었다.

III. 김응주(金膺珠)

김응주가 어떤 연유로 제주도에 유배되었는지 정확하게 알 수는 없으나 광해군 시대의 당쟁에 연루된 것만은 분명하다. 그가 제주도에 유배 왔을 때는 마침 그와 항렬이 같은 김완의 아들이 해미 현감에서 제주 목사로 부임했기 때문에 그의 도움을 받을 수 있었다.

김완의 아들 김여수는 제주 목사로 2년 간 재직중에 홍화

각을 고치고 학문을 장려하는 등 백성들을 잘 다스렸던 목민관인데 이 기간에 친척이 되는 김응주가 유배를 오자 그를 도왔던 것이다.

김응주는 소실을 맞아 김해 김씨 사군파(四君派)의 입도조로서 자손을 낳고 살다가 유배가 풀리자 돌아간다. 현지 목민관에게 친족이라는 이유로 대접을 받은 경우는 유배인 가운데 김응주가 유일하다.

인조 시대

반정과 숙청

왕위를 물려준다는 선조의 교지를 받지 못하고 인목 대비의 언문 교지로 가까스로 왕위에 오른 15대 광해군은 등극하자 곧 자신의 불안정한 입지를 강화하기 위해 일련의 왕권 강화책을 실시한다.

이 과정에서 왕위를 위협한다고 여겨지는 세력들을 대거 제거하고 급기야 인목 대비 존칭을 폐하고 서궁에 유폐시키자 그 동안 광해군에게 불만을 품고 역모를 도모하고 있던 세력들은 이 사건을 명분으로 무력 정변을 일으켜 광해군을 폐위시킨다. 이것이 1623년 인조 반정이다.

반정의 추인 과정에 불거져나온 것이 광해군이 선조를 독살했다는 선조 독살설이었다. 인조 반정의 주역들은 선조 독살설을 반정 명분을 정당화하는 데 사용하였고 이후 반정 정권은 선조 독살설이 정권 기반 강화에 도움이 된다는 명분으로 이를 조직적으로 유포시켰다.

선조의 독살설은 인종의 독살설에 이은 두번째 국왕 독살설로 그 진위 여부야 어떻든 조선 왕조는 이미 비정상적인 정치 행태로 접어들었음을 보여주는 대표적인 증거들이다.

반정으로 16대 임금으로 등극한 인조는 그 동안 득세했던 대북파 인사들에게 대대적인 숙청을 단행하는데 이 사건을 계기로 제주도에 유배된 사람으로는 광해군 본인을 비롯하여 박승조 · 인성군의 가족과 서신 등이 있다.

I. 광해군(光海君)

처음에 강화도에 유배되었던 광해군은 몇 차례 옮겨 다니면서 15년을 떠돌다가 1637년 제주도에 유배되어 3년을 살게 된다. 18년의 유배 생활에 지치기도 했겠지만 광해군은 제주도에서 비교적 처연한 자세로 자신의 삶을 이어간다. 그가 제주도에서 쓴 시를 보면 그 처연함이 곳곳에 가득하다.

> 바람 불고 비가 날려 성머리를 스쳐가는데
> 드높은 누대에 짙은 안개만 자욱
> 창해의 성난 파도 소리 어스름에 들려오니
> 푸른 산 스산한 모습 가을도 깊어
> 돌아가고픈 마음, 왕손초 볼 적마다 괴롭고
> 나그네 꿈속에서도 한양 땅을 보고 놀라네

나라의 존망 소식도 끊기었으니

물안개 서린 강, 외로운 배에서 쉬어나볼까.

———「제주적중(濟州謫中)」

  이런 정도의 시를 쓸 줄 안다면 분명 안목이 있는 임금이었을 것이라 여겨진다. 사실 광해군은 한때 임진왜란으로 파탄 지경에 이른 국가 재정을 회복하고 대동법을 실시하여 민생을 구제하는가 하면 명나라와 후금 사이에서 실리 외교를 펼쳐 화의를 조성하는 등 임금으로서의 뛰어난 능력을 발휘했던 사람이었다.

  맹자는 "군자에게 세 가지 즐거움이 있으나 천하에 임금 노릇 하는 것은 여기에 들지 않는다"고 했지만 광해군 본인 자신도 임금의 노릇이 이렇게 즐겁지 못하게 끝나리라곤 전혀 예측하지 못했을 것이다.

  그가 18년의 유배 생활을 견딜 수 있었던 것은 성격 탓도 있지만 조정 복귀에의 열망이 강했던 탓이 아닌가 여겨진다. 인조 반정으로 광해군을 폐위시킨 세력들은 왕권에 위협을 느낀 나머지 몇 번이나 그를 죽이려는 시도를 했지만 내심 광해군을 따르던 관리들에 의해 살해의 기도가 성공을 거두지 못하였다.

  그런 가운데서 광해군 복위 모의 사건이 실제 일어났는가 하면 청나라는 공공연히 쳐들어와 광해군의 원수를 갚겠다고 공언했을 뿐 아니라 제주도에서도 이시방 목사의 헌신적인 도움이 있었던 것으로 미루어 광해군 입장에서는 그런 조짐들을 복귀에의 긍정적 신호로 여겼음직도 하기 때문이다. 그러다 1641년 결국 병으로 생을 마감한다. 그의 나이 67세였다.

광해군의 유배는 전직 임금 신분이었기 때문에 제주도에 큰 영향을 줄 수밖에 없었다. 제주도 사람들 입장에서는 결코 대면할 수 없었던 왕족의 예절과 생활 양식을 광해군의 유배를 계기로 목격하게 됨은 물론 다른 한편으로 조정의 고관들이 왕래하면서 직접 제주도의 사정을 엿보고 실정을 조정에 반영시킬 수 있는 기회도 마련될 수 있었다.

광해군이 죽자 인조는 7일 간의 소찬으로 조의를 표하고 예조 참의 채유후를 보내어 초상 치르는 데 관한 모든 일을 맡아보게 하였으며 각 도의 감사에게는 같이 따라가 초상 치르는 것을 감독하도록 하였고 경기도 양주에 묻었다.

II. 박승조(朴承祖)

서인들에 의해 모의된 인조 반정이 성공함에 따라 영의정이었던 박승종은 신변에 닥칠 위험을 감지하고 경기도 관찰사였던 아들 박자홍과 함께 선영에서 자결을 택하고 동생인 박승조는 제주도에 유배된다.

박승종은 이이첨·유희분과 함께 고산 윤선도가 『병진소』

에서 통렬하게 탄핵했던 광해군 때의 3대 세도가 가운데 한 사람이었다. 그는 선조가 광해군에게 왕권을 넘길 뜻을 밝히자 유영경과 함께 공모해 군사를 동원해서 대궐을 에워싸는 등 월권 행위를 했었던 사람으로서 원래는 광해군 때 유영경과 함께 숙청당할 인물이었으나 오히려 세도가로 입지를 공고히한다. 바로 이것이 권모술수의 핵심이다.

형 박승종의 죽음을 목격하고 유배 길에 오른 박승조는 막내아들인 박자호를 데리고 제주도 곽지에 10여 년을 머무른다. 1636년 유배가 풀려 박승조는 돌아갔지만 결혼을 한 아들 박자호는 제주도에 뿌리를 내림으로써 밀양 박씨 규정공파(糾正公派) 혹은 청제공파(淸齊公派) 입도조가 되는데 제주도에서는 이를 곽지 박씨(郭支朴氏)라고 한다. 대개는 유배인이 입도조가 되는 경우가 많은데 이 경우는 유배인이 데리고 온 식구가 입도조가 된 특이한 예다.

III. 인성군(仁城君) · 이건(李健)

인목 대비 폐위를 적극 지지했고 선조의 일곱번째 아들이자 인조의 숙부였던 인성군은 1628년 3월 유효립 등과 함께 광해군 복위를 모의한다는 허위 고발에 따라 모의 동참의 누명을 뒤집어쓰고 죽을 고비를 맞게 된다.

그러나 제주도의 유배 생활에서 풀려나 대사헌에 임명된 정온의 "영창 대군의 죽음과 같은 패륜 행위가 반복되어서는 안 된다"는 강력한 주장에 따라 인성군은 제주도 정의현에 유배된다. 그리고 인조의 배려로 진도로 옮겨져 가족들과의 동거가 허락되었지만 곧 죽음을 당한다.

인성군이 죽자 부인 윤씨와 아들 셋, 딸 하나 모두 다섯 가족은 1628년 6월 진도에서 제주도로 옮겨져 8년을 머물게 된다. 이건은 당시 15세로서 인성군의 셋째아들이었다.

이건은 『제주풍토기』라는 풍토록을 썼는데 이는 김정의 『제주풍토록』과 함께 당대의 제주도를 이해할 수 있는 중요한 기록이다. 그 내용으로는 제주도의 풍속, 목축 상황과 목자의 고통, 농사의 경작 상황, 귤 종류에 대한 설명, 잠녀의 풍속과 관원들의 횡포, 신당의 모습, 제주도의 동물, 삼성혈의 신화, 김만일의 둔마 및 자신의 소감을 기록하고 있다.

김정의 『제주풍토록』에도 관원들의 횡포가 기록되어 있지만 『제주풍토기』에도 마찬가지여서 관원 횡포의 역사성을 실감하게 된다. 특히 『제주풍토기』에는 우리가 통상 제주 해녀라고 부르는 잠녀들에 대한 관원들의 횡포가 눈물겹게 기록되어 있다.

그들은 생복을 잡아다가 관가 소징(所徵)의 역에 응하고 그 나머지를 팔아서 의식을 하고 있다. 그러므로 그 생활의 간고함은 이루 말할 수 없으며 더구나 불렴(不廉)의 관이 있어 탐오지심이 생기면 명목을 교묘히 만들어 징색(徵索)하기를 수없이 하므로 1년 간의 소업으로서도 그 역에 응하기가 부족하다. 하물며 관문의 수납(輸納)의 고통과 이서(吏胥)의 무간(舞奸)의 폐가 끝이 없으니 또 무엇으로서 의식의 자(資)를 바라리오. 이런 까닭에 잠녀들은 탐관을 만나면 거지가 되어 돌아다닌다고 한다.

대체 횡포 관원들이란 누구인가. 『논어』에는 "국가의 정치가 깨끗할 때에 조정에서 봉록만 받아먹고 하는 일 없이 노닥거리거나, 국가가 혼란할 때에 봉록을 받아먹으면서 자신의 안위만을 염려하는 것을 두고 수치"라고 했다. 횡포 관원

시퍼런 바다를 생업도장으로 삼아 물질을 치르면서 해산물을 캐는 제주 해녀들의 솜씨나 그 의지는 결코 예사롭지 않다.

이란 그 수치의 장본인들이다. 오늘날도 그런 관원이 부지기수다.

『제주풍토기』에는 제주도에 대한 사실의 기록만이 아니라 유배자로서 가슴에 맺히는 그림자들의 어두운 윤곽들이 생생하게 그려지고 있다. 다음의 구절에 귀기울여보라.

> 가장 괴로운 것은 조밥이요, 가장 두려운 것은 사갈이요, 가장 슬픈 것은 파도 소리다. 더구나 서울의 소식과 고향의 소식에 있어서는 이를 몽혼에나 부치는 외에 들을 길이 없다. 질병이 있을 때는 단지 스스로 손을 매어 죽기를 기다릴 뿐이요, 침약으로 치료할 방도는 없다. 이곳은 실로 통국의 죄지로서 사람이 견딜 수 없는 곳이다. 그러므로 국가가 죄 있는 사람을 이 땅에 추방하는 것은 깊이 적의함을 얻은 것이라 하겠다.

"가장 슬픈 것은 파도 소리다"라는 구절이 가슴을 저리게 하지 않는가. 섬이라는 밀폐된 공간 속에 갇혀 있는 유배인의 막막한 심경이 의미심장하게 다가온다.

추태와 역모

인조는 정국의 안정을 도모하려고 노력하였지만 1624년

이괄의 난, 1627년 정묘호란, 1636년 병자호란 등의 엄청난 혼란을 겪으면서 굴욕과 고통으로 왕위를 유지하게 되는데 청은 병자호란을 종결짓고 돌아가면서 소현 세자 등 인조의 세 아들을 볼모로 잡아갔다.

소현 세자는 8년 뒤인 1645년에 귀국을 한다. 그는 청에 수입된 서양 문물을 대하면서 새로운 문물과 사상을 익혀나 감으로써 청과 원만한 관계를 유지하고 있었다. 그러나 청으로부터 굴욕적인 신하의 예를 강요당했던 인조로서는 그런 소현 세자의 태도에 대해 분개했고 결국 소현 세자를 독살시킨 후 세자빈마저 사약을 내려 죽인다. 이 과정에서 홍무적과 소현 세자의 세 아들이 제주도에 유배된다.

인조는 어이없게도 아들이 자신의 자리를 빼앗을지도 모른다는 의심을 하고 있었다. 이를 눈치챈 일부 세력들이 세자를 모함하고 나섬으로써 독살이라는 또 한 번의 추악한 정치극을 연출하게 되었던 것이다.

쿠데타로 집권한 인물답게 인조는 자신의 자리에 전전긍긍했고 일부 세력은 이 약점을 이용했던 것인데 이제 조선은 권력을 위해 자식까지 독살하는 망국의 추태를 보일 만큼 타락하게 된다.

이후 인조 시대에는 각종 변란으로 조선 경제는 파탄지경에 이르고 민생은 도탄에 빠지게 된다. 이를 계기로 역모를 모의하는 세력들이 등장하게 되었고 역모 계획이 발각되면서 이와 관련해 제주도에 유배된 사람으로 이덕인이 있다.

I. 홍무적(洪茂績)

1645년 청과 우호적인 소현 세자가 귀국함에 따라 그를 경계하는 김자점 중심의 세력들은 인조의 반청 감정을 빌려 부자간의 갈등을 부추김으로써 그 결과 소현 세자는 의문의 죽음을 맞게 된다. 인조에 의한 독살이었다. 이후 소현 세자의 주변 세력들은 모두 제거되고 세자빈마저 후원 별장에 유폐되었다가 결국 사약을 받고 죽는다.

세자빈이 사약을 받기 전, 독약이 든 음식을 인조에게 올렸다는 흉계로 세자빈 강씨가 궁지에 몰리게 되자 당시 대사헌이었던 홍무적은 이러한 흉계에 분노하는 말을 인조에게 올렸지만 오히려 세자빈 강씨의 배후 세력이라는 지목을 받는다.

이후 곤란을 겪다가 세자빈이 죽고 난 후에도 문제가 발생하자 그에 연루되어 1647년 제주도에 유배된 후 3년을 머무른다.

II. 소현 세자의 세 아들

소현 세자 부부가 죽은 후에도 세자빈 강씨에 관한 문제가 일어나자 슬하의 세 아들 모두를 제주도에 유배를 보내게 된다. 당시 큰아들 석철(石鐵)은 12세, 차남인 석린(石麟)은 8

세, 삼남인 석견(石堅)은 4세였다. 그들을 제주도에 유배 보내면서 다른 사람들과의 모든 교류를 차단하기 위해 제주도에 유배중이던 사람들은 모두 다른 곳으로 옮기는데 홍무적도 이때 제주도를 떠나게 된다.

그들은 제주도에서 고아와 다를 바 없이 살다가 첫째와 둘째는 병으로 죽고 셋째는 효종이 왕에 오르자 유배가 풀려 돌아가지만 오래 살지 못하고 결국 죽는다.

세자빈 강씨 역시 소현 세자 못지 않은 수완가였다. 그녀는 청나라에 포로로 잡혀온 조선 사람들을 모집해 둔전을 경작했고 수확한 곡식을 청의 진기한 물건들과 맞바꿔 차액을 남기는가 하면 조선 사신들이 가져오는 인삼 등을 청에 팔아 막대한 이득을 남기기도 하였다.

소현 세자와 세자빈 강씨와 같은 슬기로운 부모를 두었던 세 형제가 할아버지인 인조의 아집과 신하들의 모함 속에 부모를 잃고 그들 또한 유배지에서 죽어갔다. 권력을 폭력으로 사용했던 단적인 예다.

인조는 처음에 큰손자가 죽자 크게 놀라서 소현 세자 곁에 묻어주었고 둘째손자가 죽자 크게 노하여 그들을 돌보아주던 사람들을 잡아다가 문책을 하였다는데 이런 인조의 태도를 우리는 어떻게 읽어야 할까?

철학자인 H. L 베르그송은 "남을 관찰하고 있으면 우리는 인간 혐오증에 걸릴 수밖에 없다"고 했지만 인조를 관찰하고 있으면 우리는 인간과 권력에 대한 혐오증에 걸릴 수밖에 없는 것 같다.

III. 이덕인(李德仁)

왕족이었던 이덕인은 인조 반정 당시 심기원을 요직에 추천하여 반정 공신으로 좌의정까지 오를 수 있도록 도움을 준다. 그러나 야심만만한 심기원은 이에 만족하지 않고 이일원·권억 등과 결탁하여 회은군 이덕인을 새로운 왕으로 추대하고 정권을 쟁취하고자 계획을 꾸민다.

이 사건이 사전에 발각됨으로써 이덕인은 제주도에 유배되고 1년 정도 머물다 1645년 조정에 압송되어 사약을 받고 죽는다. 심기원의 정권 찬탈 계획은 그만큼 인조의 정치적 기반이 부실했음을 보여주는 예인데 쿠데타로 집권한 인조로서는 당연한 정치적 수모였다.

심기원이 인조를 거부하고 이덕인을 추대하려고 한 데는 이른바 '택군'(擇君)의 논리가 강하게 개입되어 있다. 택군이란 신하가 임금을 선택한다는 뜻으로 인조 반정 역시 택군의 논리에 근거, 신하들이 공개리에 임금을 축출하고 새로운 임금을 옹립한 쿠데타였다. 심기원의 입장에서는 인조의 신하들이 그랬던 것처럼 자신도 택군의 논리에 근거하여 이덕인을 왕으로 추대하고자 했던 것이다.

그런데 이덕인의 서자였던 이팽형(李彭馨)은 당시 정치 정세에 회의를 품고 이미 1596년 21세에 제주도에 들어와 지금의 제주시 2도동에서 세상과의 모든 인연을 끊고 후학들을 가르치며 살다가 30세의 이른 나이로 죽음을 맞았으며 임윤화라는 제주도 여자 사이에 아들 이득춘을 낳아 전주 이씨 계성군파(桂成君波) 입도조가 되어 있었다. 그러니까 아들이 묻혀 있는 제주도 땅을 아버지인 이덕인이 밟은 셈이다.

적군이 수도까지 쳐들어오자 인조가 항복하고 강화의 맹약을 맺었다는 굴욕적인 성하지맹(城下之盟)의 소식을 접하고서 치솟는 울분과 치욕을 이기지 못하고 평생을 은거하고자 제주도를 향해 남하하다가 보길도에 정착한 고산 윤선도의 예가 있기는 하지만 이팽형은 그보다 훨씬 이전에 은둔지로 제주도를 택했던 것이다. 그러기에 제주도는 유배지로서만이 아니라 두문동 지식인들의 제주도 선택을 기점으로 지식인들의 최후의 은거지이기도 했다.

현종 시대

의식의 황폐화

 현종 시대는 인조 반정으로 정권을 장악한 서인과 인조의 중립 정책으로 기용된 남인 사이에 벌어진 예론(禮論) 정쟁이 활발하였다. 예론이란 간단히 말해 예로 통치되는 이상 국가를 건설하기 위한 방법론이라고 할 수 있는데 그 실현 방법을 싸고 전개된 성리학의 이념 논쟁이 곧 예론 정쟁이다. 예론 정쟁은 당쟁을 절정으로 이끌었고 송시열은 그 정쟁의 영웅이었다.

 그러나 예론은 교조화되고 현실과 유리되면서 이념이라기보다는 황량한 집념투성이가 된다. 황량한 집념이 서로 격돌하면 남는 것은 투쟁의 극한뿐이다. 예론 정쟁이 바로 그것이다. 그것은 결국 의식의 황폐화만을 부른다.

 인조의 맏아들인 소현 세자의 상중에 자의 대비가 맏아들에게 행하는 예로 3년상을 치렀기 때문에 차남이었던 효종의 상을 당하여서는 몇 년 상을 해야 하는가가 문제의 쟁점이 되었다. 이에 송시열 중심의 서인은 효종이 차남이므로 당연히 기년상(1년상)이어야 한다고 주장했고 허목 중심의 남인은 효종이 비록 차남이지만 왕위를 계승하였으므로 장남과 다름없기에 3년상이어야 한다고 반론을 제기했다.

송시열의 주장을 끝까지 밀고 가면 결국 효종이 왕위 계승권자가 아님에도 불구하고 변칙적으로 왕위에 올랐다는 논리가 성립된다. 이 논리는 당시 소현 세자의 셋째아들인 석견이 제주도 유배에서 살아 남은 상태였기 때문에 왕위 계승권이 현종에게 있는 것이 아니라 석견에게 있다는 논리로 비화될 소지가 다분하였다.

남인인 윤선도는 바로 이런 논리의 오류를 지적하며 서인 세력들을 궁지에 몰아넣으려 했지만 이 과정에서 1666년 서인의 기년상이 채택되면서 오히려 남인의 기세는 크게 꺾인다.

그러나 복상 문제는 1673년 효종비 인선 왕후가 죽자 다시 쟁점으로 부각된다. 서인 측은 효종이 차남이라는 점을 강조하며 대공설(9개월)을 내세웠고 남인 측은 그녀가 비록 둘째 며느리이기는 하나 중전을 지냈으므로 큰며느리나 다름없다면서 기년설을 내세웠다. 현종은 이때 장인 김석주의 의견에 따라 기년설을 받아들였고 이를 계기로 서인은 실각을 하게 된다. 이 사건을 갑인 예송이라고 한다.

I. 신명규(申命奎)·이정기(李鼎基)

신명규와 이정기는 효종의 능을 만드는 과정에 석축을 쌓는 일을 책임 맡았다. 그런데 비만 오면 매년 그것들을 다시 수리해야 할 만큼 부실하게 공사했다는 남인들의 탄핵을 받고 사형 직전 1673년에 신명규는 제주도 대정현으로, 이정기는 제주도 정의현으로 유배되어 목숨을 구한다.

지금의 서귀포시 예래동에 있는 이애길의 집에 적소를 마련한 신명규는 7년을 머물면서 후학 양성에 힘을 기울여 제주도 사람 오정빈을 문하에 둔다. 이때 제주도의 인정과 풍속, 견문 등을 기록한 『묵제기문록(默齊記聞錄)』을 남긴다.

신명규의 아들인 신임도 유배중인 부친을 찾아 제주도를 방문하게 되는데 신임은 후일 유배인이 되어 다시 제주도를 찾게 된다.

백록담의 물이 태류(汰流)하여 여기에 이르러 흘러 떨어져 폭포가 되었다. 그 높이가 수십 척으로 된 세 계단의 폭포가 있어 장관을 이루고 있구나. 비단결과 같은 기려한 청류와 넓은 돌로 된 연지(淵池)의 영롱하면서 기괴하고 현란하면서 요조함과 연지(淵池)의 좌우에 깎아지른 듯한 푸른 절벽, 애곡(崖谷)간에 평포(平舖)된 청적색의 광석, 그 어느 것이나 특이하고 아름답고 유수한 풍치 아닌 것이 없구나. 또 연의 서안에는 봄

천제연 폭포. 선녀들이 내려와 목욕을 하였다는 전설이 있는 아름다운 삼단 폭포이다.

에는 철쭉꽃과 영산홍이 피고 겨울에는 춘백과 두견화가 난만하여 폭포와 푸른 파도 사이에 은영(隱映)하니 마치 붉은 휘장을 두른 듯하며 가을에는 수만 가지의 나무에 단풍이 들어 또한 청파에 비치우니 그 아름다움이 진실로 천하의 절경이라.

서귀포 중문에 있는 천제연 폭포를 구경하고 난 신명규의 소감이다. 폭포를 구경하는 대개의 사람들은 물소리의 변화 무쌍한 음영을 노래하는 것이 통례인데 신명규의 글은 폭포 자체보다는 그 주변의 풍경을 그려내는 힘에서 단연 발군이다. 천제연의 절경은 지금도 압권이지만 신명규가 얘기했던

'특이하고 아름답고 유수한 풍치'는 점점 회실되고 있어 아쉬움이 큰 게 사실이다.

경신대출척으로 남인이 실각하자 아들 신임은 상소를 올려 아버지 신명규의 무죄를 호소하였는데 그에 힘입어 신명규는 1680년 6월 진도로 옮겨졌고 1683년에 석방되어 입궐을 하게 된다. 이때 이정기도 석방되었다.

II. 이지달(李枝達)

이지달이 어떤 연유로 제주도에 유배되었는지 구체적으로 알 수 없지만 현종 때 서인과 남인간에 벌어졌던 예송 논쟁의 전개 과정에서 빚어진 정권 싸움에서 비롯된 것만은 확실하다. 이지달은 제주도 감산에 유배를 올 때 아들을 데리고 왔는데 그 아들 이시호가 제주도 오씨 가문의 여자와 혼인하여 슬하에 자식을 두게 되면서 수안 이씨(遂安李氏) 입도조가 되었지만 이지달이 유배에서 풀려난 후 고향으로 돌아갈 때 아들도 동반함으로써 오씨 부인은 슬하의 자식과 함께 제주도에 남게 된다.

영조 때 김성탁이 이인좌의 난에 연루되어 제주도에 유배를 올 때 아들인 김낙행이 동반하여 제주도 사람들에게 효라는 것이 무엇인지 모범을 보여주었는데 이지달과 이시호의 경우도 그와 비슷한 예라고 할 수 있다. 유배인이 원하면 자신을 돌보아줄 수 있는 가족 동반이 가능하기는 했지만 위리안치만은 그것이 불가능했는데 아들을 동반할 수 있었던 김성탁이나 이지달의 경우는 위리형을 면했던 것으로 보인다.

선친의 제주도 유배인 조사 기록을 들치다 이지달의 문집을 찾고자 했었던 흔적을 보고 필자도 뒤이은 노력을 기울인 바 있다. 그 작업을 하는 동안 필자가 무의식적으로 흥얼거리던 시가 다름아닌 조선 시가의 기재, 허난설헌·허균 자매의 스승이었던 이달(李達)의 것이었는데 놀랍게도 해묵고 두터운 선친의 조사 기록 속, 이지달을 다룬 짤막한 메모 한구석에도 바로 그 시가 적혀 있었다. 이지달을 조사하면서 선친과 나는 왜 이달의 시를 가까이했을까? 이름 때문이었는가? 우연치고는 참 행복한 교감이었다.

숙종 시대

전환과 대립

숙종 시대는 당파간의 정쟁이 가장 심했던 시기다. 거듭된 흉년으로 백성들이 굶어 죽는 등 재난이 잇따랐는데도 불구하고 관료들은 재난 극복보다는 당쟁에 몰두했고 정권이 한 번 바뀔 때마다 상대방을 역모로 몰아 죽였다. 따라서 당쟁이 격화되면서 당론이 국론보다 앞서는 가치의 전도 현상이 일어났고 나라와 백성은 당론에 희생될 뿐이었다.

제18대 임금인 현종이 죽자 송시열은 다시 예론을 들고 나왔고 숙종은 부왕의 뜻대로 남인의 장자부 기년설을 지지하면서 송시열 등을 덕원·웅천 등지로 유배시켜버림으로써 서인의 세력은 급속히 약화된다. 송시열이 유배되자 성균관 중심의 유생들이 그의 입장을 지지하며 구명 운동을 벌이기 시작했고 남인과 영합했던 김석주가 남인 세력이 너무 커지자 이를 몰아내기 위해 다시 송시열 등의 서인 세력과 손을 잡고 1680년에 경신환국(庚申換局)을 일으킴으로써 일단 예송 논쟁은 일단락되고 다시 서인이 정권을 장악하게 된다.

김석주는 숙종의 외척으로서 정권 유지를 위한 비자금을 관리했던 대표적인 인물이다. 오늘날도 이런 유의 비자금이 횡행하고 있는데 김석주는 남인들을 축출하기 위한 다양한 정치 공작에 풍부한 비자금을 활용했다. 서인과 남인 사이의 정쟁이 치열하던 시기에 15살의 어린 나이에 즉위한 숙종은 주변에 믿을 만한 종친이 적어 모든 정치 현안을 김석주와 의논했고 그는 뛰어난 지모와 남다른 배포로 정국을 주도했던 것인데 그가 정국을 주도하는 데 가장 큰 역할을 한 것은 바로 풍부한 비자금이었다.

따라서 김석주가 주도했던 숙종 초·중기의 정치 기상도는 그가 뿌린 공작금만큼이나 어둡고 음울할 수밖에 없었다. 서인과 남인, 노론과 소론 사이에 정권을 둘러싼 쟁탈전이 끊이지 않았으며 그때마다 김석주의 비자금이 동원되었던 것이다. 정권 유지를 위해 비자금을 쓰는 만큼 조선의 역사는 퇴보할 수밖에 없었고 그것은 오늘날도 예외가 아니다.

환국(換局)이란 왕의 정계 대개편 권한인 용사출척권을 통한 정국 전환을 뜻하는 것으로서 숙종은 이 방법으로 세 번에 걸쳐 정권을 교체하면서 붕당 내의 대립을 촉발시켜 그 반대 급부로 군주에 대한 충성을 강요하여 왕권을 강화시켜 나갔다. 경신환국에 연루되어 제주도에 유배된 사람으로는 유혁연이 있다.

I. 유혁연(柳赫然)

당시 훈련 대장이었던 유혁연은 경신환국으로 남인들이 대거 숙청됨에 따라 처음에는 영해에 유배되었다가 제주도 대정에 옮겨져 곧 죽음을 당한다. 당시 숙종은 남인의 지나친 성장을 경계하고 있었는데 남인의 영수인 허적이 군사 물자인 유악(油幄)을 사사롭게 사용한 사건이 발생함에 따라 이 일을 남인이 권세를 믿고 왕을 업신여긴 행동이라고 단정하고 남인이 차지하고 있던 군권을 서인에게 넘겨버린다.

이때 훈련 대장직이 유혁연에서 서인계의 김만기로 바뀌게 되었다. 이런 와중에 남인은 설상가상으로 허적의 서자 허견이 인조의 손자인 인평 대군의 아들들과 함께 역모를 도모했다는 '삼복의 변'에 직면하게 되자 이에 연루되어 유혁연은 결국 제주도에 유배되었다가 죽게 된다.

원래 유혁연은 효종이 총애하던 사람으로 효종은 무과 출신인 그를 비서격인 승지로 임명했다. 효종이 전례를 무시하고 무장 출신을 승지로 임명한 데는 남다른 이유가 있었다. 효종은 평생을 삼전도의 치욕을 되새기며 북벌에 집념하여 군비 확충에 전력을 쏟은 군주였기 때문에 다른 무엇보다 군사 문제에 관한 직할 체제 구축을 필요로 하였는데 효종은 지방관을 파견하며 군사 문제는 병조 판서에게 직보하게 하고, 병조 판서는 무신 승지 유혁연에게 전달하도록 했다.

즉 지방관→병조 판서→무신 승지→효종이라는 지방의 군사 문제에 대한 신속하고 전문적인 보고 체제를 갖추기 위해 무과 합격자를 수령에, 무신 출신을 승지에 임명한 것이다.

>달리던 말 서서 늙고 잘 들던 칼 녹스는구나
>무정 세월은 백발을 재촉하니
>성주의 누세홍은(累世鴻恩)은 못 갚을까 하노라

유혁연이 제주도에서 남긴 유일한 시조다. 무신으로서 말과 칼을 사용하여 임금을 보필해야 함에도 불구하고 그렇지 못하는 자신의 처지에 대한 자탄이 전면에 넘치고 있다.

환국의 피해

숙종은 총애하던 장씨가 왕자를 낳자 서둘러 원자로 확정하려 하였다. 그러나 서인 측은 정비 민씨가 아직 젊어 왕자를 생산할 가능성이 있으므로 원자 확정은 시기상조라고 주장한다. 이런 서인의 반대에도 불구하고 숙종은 왕자 균을 원자로 확정하고 생모 장씨를 빈으로 승격시킨다. 이에 대해 서인의 노론 측 영수인 송시열은 송나라 철종의 예를 들며 왕자의 원자 확정은 급한 일이 아니라는 상소를 올린다. 이 때문에 송시열은 제주도에 유배되고 곧이어 죽음을 당한다.

이로써 중전 민씨가 폐위되고 희빈 장씨가 중전에 올랐으며 원자 균은 세자에 책봉된다. 노론계가 정치 일선에서 제거되자 서인은 힘을 상실하게 되었고 조정은 남인에게 돌아가게 되는데 이를 두고 1689년 기사환국(己巳換局)이라고 한다. 중전 민씨 폐위의 부당성을 지적하다가 제주도에 유배된 사람으로는 김진구가 있고 기사환국에 연루되어서는 김예보가 유배된다.

I. 송시열(宋時烈)

조선 중기 성리학의 큰 인물이며 노론의 최고 지도자였던 송시열. 당쟁의 영웅으로서 80평생을 치열한 당쟁의 와중에서 기복을 되풀이했던 그의 강단에 치우친 성격은 같은 당대의 소장파와 간격을 깊게 하여 서인 내부의 노론, 소론의 분열을 초래하였으며 그의 분투로 노론의 우세는 결정적으로 굳어진다.

그러던 그가 기사환국 때문에 83세의 고령임에도 불구하고 1689년 제주도에 유배된다. 그는 동문인 권상하에게 뒷일을 부탁하고 맏손자를 데리고 제주도에 갇힌 채 날마다 『주자대전강목(朱子大典綱目)』 『역학계몽(易學啓蒙)』 등을 읽으면서 만년의 애상 젖은 세월을 보낸다. 그의 유배 기간이 비록 백여 일밖에 안 되었지만 내도 자체가 제주도 유생들에게는 커다란 충격이었다.

다음은 송시열이 쓴 시 가운데 한편이다.

  귀양살이 나그네 신세,
  외로운 배로 떠나니
  거센 파도는 만리나 깊어라
  평생 충의를 지켰으나
  우(虞)왕의 묘 찾을 길 없구나.

귀양살이 나그네 신세였던 송시열은 산지골 윤계득의 집에 백여 일을 머물다 국문을 받기 위해 상경 도중 남인의 책동으로 정읍에서 사사된다.

송시열은 숙종이 펼쳤던 환국 정치의 대표적인 피해자다. 숙종은 환국 정치를 이끌면서 송시열을 비롯한 허적·윤휴·이원정·김수항·박태보 등 수많은 뛰어난 신하들을 희생시켰을 뿐 아니라 심지어 자신의 부인인 인현 왕후를 폐위시키거나 세자의 생모인 희빈 장씨를 죽이기까지 했다. 이로써 왕권은 강화되었지만 그것은 피비린내 나는 정치 옥사의 결과였다.

송시열의 학문은 추상적이며 공리공론을 일삼는 이론 성

리학 차원에 안주하지 않고 공자의 중심 철학에 충실했고 조광조·이이·김장생으로 전수되는 도학과 예학을 계승하고 발전시켰다. 이러한 송시열의 학문은 곧 조선 의리 학파를 여는 중요한 열쇠가 된다. 그의 학문은 여러 제자들을 통해 전수되는데 제주도와 관련하여 눈길을 끄는 제자로는 임홍망과 김만기가 있다.

김만기의 아들 김진구, 김만기의 손자 김춘택, 또한 김진구의 사위이자 임홍망의 손자인 임징하 등 3명 모두가 제주도 유배인이었다. 그러니까 송시열의 학문은 그들 제자의 아들과 손자가 유배를 오게 됨에 따라 제주도에 더욱 넓게 유

송시열의 유허비로서 현재 제주시 오현단에 소재하고 있다.

숙종 시대 145

송시열의 필적이 새겨져 있는 오현단 서쪽의 암벽. 증자와 주자의 학문이 쌍벽으로 서 있다는 뜻의 '曾朱璧立' 글자가 새겨져 있다.

포될 수 있었다는 말이다.

 1694년 갑술환국으로 송시열이 복원되자마자 제주도 유생 김성우가 상소하여 귤림서원에 송시열을 배향하게 된다. 이 역시 당시 유배중이었던 김춘택이 상소문을 써준 덕택이었다. 송시열이 귤림서원에 배향되던 숙종 시기는 서원 배향을 위한 인물 선정이 매우 엄격하던 시기였기 때문에 그만큼 의의가 더 크다고 할 수 있다.

 송시열의 수제자인 권상하는 스승이 제주도에 유배되자 스승의 운명을 예감한 듯 직접 제주도에 찾아와 이별을 고하고 스승의 의복과 책을 유품으로 받게 된다. 이 자리에서 송시열은 만동묘를 청주에 세워 명나라의 신종과 의종을 제향하도록 유서를 남기고 그의 학문적 신조에 대해 마지막으로 언급한다. 여러 가지 상황의 악화에도 불구하고 전혀 흔들림이 없는 송시열의 집요한 의식 집중은 그 자체가 커다란 자극으로서 풍류사종(風流師宗)의 절정이었다.

제주시 오현단 서쪽 암벽에 새겨져 있는 '증주벽립'이라는 큰 글씨는 송시열의 필적이다.

II. 김진구(金鎭龜)

중전 민씨가 폐위되고 희빈 장씨가 중전에 앉게 되자 이의 부당성을 지적하는 상소문이 박태보 등 86인의 이름으로 올려지는데 이에 대해 숙종은 대단히 분개를 하고 상소와 연루된 자들을 처단한다. 김진구는 이 사건에 연루되어 1689년 제주도 성내에 유배된다.

제주성 내 가락천 오진의 집에 적소를 마련한 김진구는 5년을 머무르는 동안 이중발·오정빈·고만첨·김덕항·고사선·양수영·백희민과 같은 굵직한 제주도 출신 제자들을 배출하는데 이들 가운데 대부분이 후일 문과에 급제하는 등 실력을 발휘한다. 이는 39세의 나이에 유배를 왔던 김진구의 교학적 열의 덕택이었다. 그는 제주도에 경사 학풍을 전수시킴으로써 제주도의 학문적 분위기를 일신시키는 계기를 마련한다.

그들 가운데 이중발은 광해군 때 인목 대비 폐위를 반대한 이유로 유배되었던 이익의 후손인데 비슷한 이유로 유배된 김진구에게 가르침을 받았음은 참으로 우연치고는 특이한 일이라 하지 않을 수 없다. 그런가 하면 오정빈은 현종 때 유배되었던 신명규에게 가르침을 받았던 사람이다.

III. 김예보(金礼宝)

임진왜란 때 명장 김경서의 손자인 김예보는 기사환국으로 제주도에 유배되었다가 곧이어 유배가 풀렸지만 중앙 정계에 환멸을 느낀 나머지 제주도에 눌러앉는다. 그는 김해 김씨 회의공 김경서파(襄毅公金景瑞波) 입도조로서 지방 자제들을 모아 교학에 힘쓰고 지방 유생들과 교류하며 제주도에 많은 영향을 미친다.

숙종 시기는 붕당 정치가 절정에 이르면서 붕당 내부의 파행적 운영이 심화되어 자체 파탄이 일어나던 시기였다. 따라서 지식인들의 정계에 대한 환멸은 어느 때보다 심하였고 김예보처럼 은둔하는 경우가 많았다. 그러나 김예보의 은둔은 고려말의 지식인들처럼 어떤 도덕적 책임에서 기인한 것이라기보다는 현실에서 더 이상 희망을 가지지 못하고 이탈하는 현상으로서 그것은 절망의 다른 표현이었다.

A. V. 비니는 그의 『시인 일기』에서 "노여움도 경련도 없고 하늘에 대한 비난도 없는 고요한 절망, 이것이야말로 슬

기로움이다"라고 했는데 김예보가 그런 마음이었는지는 모르겠지만 과연 그렇다면 그의 절망은 슬기로움일 것이다.

환국과 옥사

1694년 노론계의 김춘택과 소론계의 한중혁 등이 폐비 민씨 복위 운동을 전개하자 권력을 잡고 있던 남인은 이것을 기화로 서인 세력을 완전히 제거하려는 계획을 세운다. 그들은 폐비 복위 운동 관련자들을 모두 하옥하고 심문한 다음 숙종에게 보고하지만 당시 숙종은 중전 장씨에 대한 감정이 악화되어 있었고 반면에 민씨를 폐위시킨 것을 후회하고 있던 중이라 오히려 남인들을 축출해버린다.

그리고 중전 장씨를 다시 빈으로 강등시키고 폐비 민씨를 복위시킴과 동시에 송시열 등의 관작을 복구시키고 소론계를 등용하여 정국 전환을 꾀하게 되는데 이 사건을 두고 갑술환국(甲戌換局)이라고 한다. 이에 연루되어 김덕원이 제주도에 유배된다.

갑술환국으로 인현 왕후 민씨가 복위되자 희빈 장씨는 빈으로 강등되고 오빠인 장희재는 제주도에 유배된다. 희빈 장씨는 중전으로 복위하기 위해 안간힘을 쓰는데 그 와중에 그녀의 오빠 장희재가 제주도에서 보낸 편지가 발견된다.

그 내용 속에는 폐비 민씨를 모해하려는 문구가 있어 대신들이 그를 죽여야 한다고 했으나 세자의 앞날을 생각해야 한다는 간언에 따라 위기를 모면하게 된다. 하지만 1701년 인현 왕후 민씨가 죽은 뒤 희빈 장씨의 거처인 취선당에서 민씨를 저주하기 위한 신당이 발견되어 다시 한번 옥사가 일어난다. 이를 '무고(巫蠱)의 옥'이라 하는데 그 결과 희빈 장씨에게는 사약이 내려지고 이 과정에서 장희재를 비롯한 궁녀 및 무속인들이 처형된다.

I. 김덕원(金德遠)

숙종이 박태보 등 86인의 이름으로 올려진 상소에 연루된 자들을 처단할 때 김덕원은 비록 남인이었지만 노론인 박태보를 구제하기 위해 노력하다가 그것이 실패로 돌아가자 무력을 자조하며 낙향하였지만 후일 영의정까지 오르게 된다.

그러나 인현 왕후 복위 운동을 통해 남인이 실각하고 소론이 집권하게 되는 갑술환국으로 제주도에 유배되어 4년을 머무르다 해남으로 옮겨진 후 곧 유배가 풀려 고향에서 71세의 나이로 죽는다.

당시는 노론·소론·남인·북인으로 사색붕당이 최고조에 달한 시기였음에도 불구하고 당색이 다른 인물인 박태보를 구제하기 위해 노력했고, 우의정에 오르자 유배지 진도에서 죽은 박태보의 관직을 복위시킨 김덕원의 태도는 분명 남다른 데가 있다.

여기서 우리는 당대 지식인들 가운데 비록 일부이기는 하지만 그들의 당쟁에 대한 깊은 회의를 목격하게 된다. 회의는 회피가 아니다. 그것은 어떤 특수한 성질의 위험을 선택하는 것이다. 당색이 다른 박태보를 위한 김덕원의 노력은 분명 위험한 일이었다. 그런 위험은 의지가 강한 자만이 받아들일 수 있다. 의지가 강했기 때문인지 김덕원은 당쟁의 와중에서도 천수를 누릴 수 있었다.

II. 장희재(張希載)

장희재는 희빈 장씨의 오빠로서 포도 대장 격인 금군별장(禁軍別將)이 되어 출세의 길을 달렸으나 갑술환국으로 제주도에 유배된다. 그러나 5년의 유배 기간 동안 희빈 장씨의 중전 복위에 안간힘을 쓰다가 결국 '무고의 옥'으로 제주도에서 공개 처형된다.

일개 궁인인 장씨가 왕비에 오를 수 있었던 데에는 인조의 계비인 장렬 왕후의 동생인 조사석과 종친인 동평군 항의 힘이 많이 작용했다. 조사석은 남인과 연결을 맺고 있었고 동평군 항은 궁중과 연결을 맺고 있었기에 장씨는 조사석을 통해 남인의 지지를 이끌어낼 수 있었고 동평군을 통해 종친의 힘을 얻을 수 있었던 것이다.

이 가운데 동평군 항을 끌어들인 사람이 장희재로서 동평군 항은 종친으로서는 이례적으로 선혜청 제조를 맡고 있었기에 궁중을 무상으로 출입할 수 있었다. 장희재는 그 점을 이용하기 위해 일부러 그에게 접근하였던 것이다.

III. 오시복(吳始復)

오시복은 '무고의 옥'에 관련되어 투옥되었다가 1702년 제주도 대정현으로 유배되어 10년을 지내게 된다. 이때 이형상 목사가 그를 돌보아주었는데 대사간 이건명의 탄핵을 받아 파직된다.

이형상 목사는 '당오백 절오백'이라 하여 도내에 산재해 있는 신당들을 불태운 일로 유명한데 『남환박물(南宦博物)』 『탐라계록(耽羅啓錄)』 등의 제주도에 관한 저술을 집필했을 뿐만 아니라 화공을 시켜 당시 사정을 45매의 그림으로 그린 『탐라순력도(耽羅巡歷圖)』를 남겼다. 모두 귀중한 제주도 문헌들이다. 이건명은 경종 때 신임사화로 죽어간 노론 4대신 가운데 한 사람이다.

IV. 송성(宋晟)·이성휘(李聖輝)·이수철(李秀哲)·오석하(吳碩夏)·민시준(閔時俊)

숙종 계미년 과거 시험에 부정이 탄로되어 1703년 관련자 11명 전원이 유배되는데 이 가운데 송성·이성휘·이수철은 제주목에, 오석하는 대정현에 민시준은 정의현에 유배된다.

예나 지금이나 시험 부정은 우리 사회의 고질적인 병폐 가운데 하나다. 과거 시험 제도가 발전되었던 중국만 하더라도 부정 단속의 법규는 실로 면밀히 입안되어 있어 조금도 틈이 없는 것처럼 보이지만 그러나 그 법을 운용하는 것은 결국 사람이기 때문에 시험관이 뇌물을 받고 채점을 유리하게 해주는 폐해가 자주 일어나 여론에 오르내리곤 하였다. 만일 시험관과 응시자가 공모한다면 부정은 얼마든지 가능하였다. 조선에서도 예외가 아니었다.

이러한 과거 시험 부정 행위는 정부의 기강이 느슨해질 때 많이 발생했다. 중국의 경우는 이런 부정 행위가 발각되었을 때 관련자 모두를 사형에 처하는 강경한 방법을 택하였는데 우리의 경우는 사형 대신 유배를 택하였다.

고종 때에도 과거 시험 부정 행위로 많은 사람들이 제주도에 유배되는데 구성희(具星喜)·김성복(金性復)·이희혜(李禧蕙)·남정호(南廷皓)·박영훈(朴永薰)·민영서(閔泳序)·박영락(朴永駱)·정석오(鄭錫五)·조종룡(趙鍾龍)·고영중(高永中) 등이 그 장본인들이다. 대부분 제주도 출신에게 특전을 주는 것을 악용하여 출신지를 속여 과거에 응시하는 부정 행위를 하다 발각되어 유배된 것이다.

어느 때나 부정이 번식하면 사회는 붕괴하게 마련이다. 중국도 붕괴했고 조선도 붕괴했다. 중국과 조선의 과거 시험 부정이 그것을 웅변해주는 교훈이다.

V. 김춘택(金春澤)

폐비 민씨 복위 운동을 주도했던 김춘택은 마침내 복위를 실현시키지만 장희재가 보냈다는 편지에 얽혀 제주도에 유배된다. '무고의 옥'과 관련된 사람들을 국문하는 과정에서 장희재의 친구였던 윤순명이 편지 내용을 공개했는데 김춘택이 장희재의 처와 치정 관계를 맺었을 뿐 아니라 세자를 모해하려 한다는 내용 중에 세자 모해 부분이 쟁점이 되었다. 김춘택은 이를 중상모략이라고 부정했지만 1706년 끝내 제주목에 유배되고 가족들 역시 제주도 정의현에 유배된다.

김춘택은 그의 부친 김진구가 머물렀던 오진의 집을 적소로 정하고 부친이 가르쳤던 제주 유생들과 교류하였는데 마침 순무 어사 이해조가 과거를 베풀자 그의 부친에게서 수학했던 사람들이 대부분 급제하는 것을 보며 즐거워했다.

그는 자신의 유배 생활을 "모든 물산이 빈곤한 지방이었지만 귤림서원에는 유생과 지방 자제들이 모여 와서 독서와 음시(吟詩)를 하고 있으므로 그들과 벗하여 시서로서 즐겁게 지냈다"고 기록하였다. 이 시기의 정황을 대변한 시로 다음과 같은 것이 있다.

> 나그네 자주 바뀌는 계절의 질서에 놀라며
> 귀양살이 삼 년에 크게 거칠어져만 갈 뿐

거울 속 백발에도 봄은 오건만
청등 아래 섣달 그믐밤 지새던 일들
남해의 풍파는 그칠 날이 없구나
고향의 꽃들은 누굴 위해 피었는가
귤림의 솜씨 좋은 사람들과 계림의 이씨랑
지난 감회 새 수심 한잔 술로 달래네 ─「서회(書懷)」

김춘택은 곧 적소를 대정으로 옮기게 되는데 그것은 그가 역모를 모의한다는 제주도 사람 박의낭의 모함 때문이었다. 비록 이후에 무고로 밝혀지기는 했지만 그는 적소를 옮겨야 했고 1725년 대정현 감산리에 그의 매제인 임징하가 유배됨에 따라 동병상련의 정을 나누게 된다. 특히 이 기간에 김춘택은 송강 정철의 「사미인곡」과 「속미인곡」에 답하는 「별사미인곡」을 창작하는 열의를 보인다.

김춘택은 일생을 유배지에서 보냈다고 해도 과언이 아니다. 그는 5차에 걸쳐 30여 년 간이나 감옥 또는 유배 생활을 하였고 그 중 두 번은 제주도에서 보냈는데 모두 6년이었다. 그러니 다음과 같은 시가 나올 법도 하다.

유형수 봄이 되니 집 생각에 괴롭고
봄 돌아와 또 어찌 나그네 설움 더하겠는가
술 깨고 꿈 깨면 남은 일 없을 터인걸

눈 예쁜 아이나 시켜 떨어진 꽃 주우련다.

—「모춘만음(暮春漫吟)」

훌륭한 시다. 비록 새롭고 날카로운 맛은 없지만 견디기 어려운 유배라는 딜레마를 민감하게 표현하고 있다.

사람의 삶에 있어서 특히 유배라는 정치적 규제와 대비해서 시가 갖는 의의는 대체 무엇일까? 적어도 유배인 김춘택에게 있어 시는 생존의 실감을 넓게 또 예민하게 자각케 하는 장치였던 것 같다. 김춘택은 유배지에서 실로 많은 글을 썼다. 그에게 있어 글쓰기는 당대의 불행과 있을 수 있는 행복의 약속에 대한 척도였음이 분명하다. 오늘도 그런 글쓰기를 하는 사람들이 있다.

경종 시대

사화의 참극

숙종은 소론을 배척하고 노론을 중용한 후 1717년 세자 균이 병약한 데다가 자식을 낳지 못한다는 이유로 숙빈 최씨의 소생인 연잉군을 후사로 정할 것을 부탁하고 또한 그해에 연잉군으로 하여금 세자를 대신하여 대리 청정을 명했다. 대리 청정이란 말 그대로 정사 처리를 누군가 대신하여주는 것을 의미한다.

연잉군의 대리 청정이 결정되자 이때부터 세자 균을 지지하는 소론과 연잉군을 지지하는 노론간의 당쟁이 격화된다. 이 논란 속에서 세자 균은 1720년 숙종이 죽자 왕위를 이어받아 등극하게 되는데 그가 바로 조선 제20대 왕인 경종이다.

경종 즉위초 정권을 잡고 있던 노론은 경종의 건강이 점차 악화되는 데다 후사마저 없다는 이유를 내세워 연잉군을 세제로 삼아 왕위가 흔들리지 않게 해야 한다고 주장한다. 경종은 소론의 반대에도 불구하고 노론의 주장에 따라 연잉군을 세제에 책봉한다.

세제(世弟)란 왕위를 이어받을 임금의 아우를 뜻하는 표현으로 임금의 아우라 할지라도 대개 세자(世子)로 통칭하고 세제라 부르는 경우는 극히 드물었다. 어떻든 이를 계기로 노론 측은 연잉군으로 하여금 대리 청정을 해야 한다고 주장하는데 이는 곧 경종에게 정사에서 손을 떼라는 말이었다.

이에 소론 측은 왕을 보호해야 한다는 명분을 내세우며 거세게 반발하지만 경종은 와병중이어서 세제 청정을 받아들였다가 소론 측의 반대로 다시 거둬들인다. 이후 경종은 세제 청정을 명했다가 다시 거둬들이기를 반복하는데 이 바람에 노론·소론간의 당쟁은 더욱 격화된다.

1721년 경종의 지지를 받은 소론은 세제 대리 청정을 요구한 집의 조성복과 노론 4대신을 역모자라고 공격하는 상소를 올려 그들을 파직시킨다. 이때 조성복이 제주도에 유배된다.

그 결과 노론의 권력 기반은 무너지고 대신 정권은 소론으로 교체된다. 조정을 장악한 소론은 노론 측 인사에 대한 축출 작업을 더욱 가속화한다. 이때 남인의 서얼 출신 목호룡은 노론 측이 세자였던 경종을 시해하고자 모의했었다는 사실을 고발함으로써 노론은 일대 타격을 입게 된다.

목호령의 고발이 있자 국청이 설치되어 역모 관련자들을 처단하였고 조성복과 노론 4대신도 유배지에서 압송되어 처형된다. 국청에서 처단된 사람 중에 법에 의해 사형된 사람이 20여 명, 맞아서 죽은 사람이 30여 명, 그 밖에 그들의 가족이라는 이유로 체포되어 교살된 자가 13명, 유배 114명, 스스로 목숨을 끊은 부녀자가 9명, 연좌된 사람이 173명에 달하였다.

이 사건을 두고 1721년 신축년, 1722년 임인년 양년에 일어났다고 하여 신임사화(辛壬士禍)라고 한다.

I. 조성복(趙聖復)·조성집(趙聖集)

1721년 12월 소론의 과격파인 김일경 등이 앞장서서 대리청정을 요구한 조성복과 청정 명령을 받들어 행하고자 한 노론 4대신을 공격하는 상소를 올린다. 이로써 조성복은 제주도 정의현에 유배되었다가 이후 신임옥사로 한성에 압송되어 국문을 받는 과정에서 자살한다.

『플루타르크 영웅전』을 보면 "자살은 명예를 빛내기 위하여 할 일이지 해야 할 일을 회피하기 위한 수치스러운 수단이 되어서는 안 된다. 자기 혼자만을 위해 살거나 죽는 것은 수치스러운 일이다"라는 얘기가 나오는데 조성복의 자살은 그렇다면 수치스러운 일인지 모른다. 그러나 그런 수치스러움을 택하지 않고서는 견디어내지 못할 상황이 다름아닌 신임사화의 참살이었다.

조성집은 조성복의 형으로 정쟁의 피해자인 동생의 면죄

를 호소하다가 제주도에 유배된 후 병으로 죽는다. 동생은 제주도에서 압송되어 국문을 받는 과정에서 옥중에서 자살하고 형은 병으로 죽게 되는데 조성집·조성복 형제처럼 비참한 제주도 유배 경험도 드물다.

II. 신임(申銋)

현종 때 제주도에 유배 왔었던 신명규의 아들인 신임은 신임사화로 무고한 사람들이 희생되는 것을 보고 규탄하는 상소를 올렸다가 1722년 84세의 고령으로 제주도 대정현 감산리에 유배된다. 그는 부친 신명규가 제주도 중문에 유배중일 때 들른 적이 있었기 때문에 제주도 길이 초행은 아니었지만 다시 살아 돌아가기 어려운 84세의 고령이었다.

신임사화의 피해가 얼마나 심했기에 84세의 노인이 상소를 올렸을 것인가. 그는 제주도 적소의 남쪽 벽에는 "安定窩"라고, 천장에는 "挹老軒"이라고 다른 벽에는 "樂而忘憂怡然自得"이라고 써붙여 즐거움과 안정을 도모하며 마음의 평정을 찾고자 애썼다. 영조가 즉위한 후 유배가 풀려 돌아가는 길에 결국 병으로 죽는다.

풀빛은 푸릇푸릇 애를 끓는데
이별가 한 곡조로 그대 보내네
헤어지면서 다시 만날 기약 묻지를 말게

다른 날 청산백운 중에서 고사리 캐세나
—「송정우시(送情友詩)」

제주도까지 찾아와준 친구를 보내는 그의 시에는 생애 말년에 유배당한 선비의 자탄이 짙게 깔려 있다. 고령의 친구가 제주도까지 찾아와준 정성도 눈물겹지만 "다시 만날 기약을 묻지 말자"는 이별의 절실함 또한 가슴 쓰리다.

III. 조승빈(趙昇彬)

신임사화 때 유배지에서 압송되어 죽음을 당한 노론 4대신 가운데 한 사람인 판중추부사 조태채의 큰아들인 조승빈은 1723년 제주도에 유배되어 구걸 행각을 하며 지내다가 영조의 즉위로 유배가 풀린다.

뭐니뭐니 해도 배고픈 슬픔이 제일 크다고 했지만 유배된 데다 굶주림까지 겪었으니 그 슬픔이 얼마나 크겠는가.

IV. 김수천(金壽天)·학손(鶴孫)·이수민(李壽民)

목호룡의 고변으로 세자였던 경종을 시해하려고 모의했던 관련자들이 드러나는데 그 가운데 경종이 세자였을 당시 사냥법을 가르치는 엽사(獵師)였던 백망이라는 사람이 있었다. 김수천과 학손 그리고 이수민은 백망과 공모자들 사이에 편지를 연결해주었다는 죄로 제주도에 유배되는데 학손은 대정현에, 이수민은 정의현에 각각 적소를 삼는다.

V. 이시필(李時弼)

이시필은 궁중 의사였는데 술에 취한 채 의료를 하면서 임금에 대해 헐뜯고 욕한 것이 문제가 되어 향국흉언죄(向國凶言罪)라는 죄명으로 사형 직전에 제주도 정의현에 유배된다. 그러나 재차 심문을 받기 위하여 서울로 압송되던 중 남해에서 자살을 한다. 이시필의 경우를 보면 당시 조정의 기강이 얼마나 해이했었던가를 짐작할 수 있다.

신(神)은 병을 고치고 의사는 치료비를 받는다는 말이 있듯이 신이 병을 고치기 때문에 하릴없는 이시필은 술에 취했었던 모양이다. "의사여, 자신을 고쳐라Physician, heal thyself"던 「누가복음」의 말씀은 비단 이시필에게만 해당되는 것은 아닐 것이다. 이반 부린의 『마을』에는 "의사라는 녀석은 자기 호주머니만 애지중지 지키고 있는 자들이다"라는 조소가 나온다. 그 조소 대상이 되는 자들이라면 모두 그 복음 말씀에 귀기울일 필요가 있을 것이다.

영조 시대

책임 추궁

　신임사화의 참담함을 몸소 겪은 영조는 조선 제21대 왕으로 등극하자마자 붕당의 폐해를 극복하기 위해 탕평 정국을 열어 인재를 고루 등용하려는 노력에 박차를 가하였고 이러한 노력은 영조를 뒤이은 정조 시대에도 계속되었다. 숙종대 전반기인 17세기말 붕당 정치 운영 과정에서 첨예한 대립을 보였던 왕권과 신권의 문제는 강력한 왕권을 위한 탕평론(蕩平論)의 대두를 초래하였던 것이다.

　특히 영조는 성균관 입구에 탕평비를 세우고 정조는 그의 거실을 탕탕평평실이라고 부를 만큼 탕평책에 주력하였다. 16세기 이래의 전란과 당쟁, 특히 17세기말 이래의 노론·소론의 당쟁이 관직 사회뿐 아니라 지역 지식인이나 민중 계층에 이르기까지 민족 전체를 절망적으로 분열시킨 상황에서 영·정조 80년은 탕평책을 통해 민족 결집과 민족 발전을 도모했던 중요한 시기였다.

영조·정조는 자성서를 쓰고 『일성록』을 지어가면서 초당파적 거족 내각을 이루어 오랫동안 정치 사회에서 격리되었던 남인 계층까지도 관직에 흡수한다. 그리고 탕평과·충량과를 신설하여 숨은 인재를 뽑았으며 서얼 신분의 젊은 선비들도 규장각 검서로 임명하고 서북 사람도 등용시켰다.

하지만 이러한 노력에도 불구하고 탕평책을 반대하는 지식인들은 한둘이 아니었다. 그런 와중에 일부 정권 지향적인 무리들에 의해 당쟁은 계속되고 급기야 왕권에 도전하는 변란이 발생하기도 하지만 영조는 이 같은 난국을 비상한 정치 능력으로 타개하며 지속적으로 조정을 탕평 정국으로 이끌고 나가는 데 성공한다.

탕평책에 대한 일부 지식인들의 반대 근거는 당쟁을 당연시하고 정당화하는 교조화된 이념의 완고한 누습에서 비롯되었는데 일단 지식인들이 형이상학적 폐허의 늪에 발을 들여놓게 되면 자신도 예측하기 어려운 무서운 결과를 초래하게 된다.

그들의 교조화된 이념을 따른다면 국가가 완전히 해체될 것은 뻔한 이치였고 따라서 영·정조의 탕평책이란 그러한 정치적 방치 행위를 막기 위한 노력이었다는 점에서 가치가 큰 것이다. 그러나 영·정조 이후의 당쟁과 외척의 수탈은 그러한 가치를 한갓 물거품으로 만들고 만다.

영조는 등극하게 되자 가장 먼저 자신을 곤경에 몰아넣고 수많은 대신들을 죽게 했던 신임사화에 대한 책임을 추궁하였는데 이에 연루되어 윤지·서종하·이거원 등이 제주도에 유배된다.

I. 윤지(尹志)

신임옥사에 대한 책임이 추궁되면서 윤지는 제주도 대정에 유배되어 10여 년을 머물다 나주로 옮겨졌는데, 20여 년에 걸친 유배 생활로 조정에 대한 불만이 폭발하여 결국 역모를 도모하려고 세력을 규합하고 왕을 비방하는 문서를 돌리다 반역죄로 처단된다.

유배인으로서 역모를 도모했던 사람은 비단 윤지만이 아니다. 선조 때 정여립과 숙질간으로 대동계에 참여하다 1594년 기축옥사에 연루되어 유배된 소덕유가 길운절이라는 사람과 모의했던 역모 사건이 있었는가 하면, 1728년 영조 때 일어난 이인좌의 난에 가담한 죄로 제주도에 유배되었던 심내복(沈來復)·조영득(趙榮得)이 영조를 폐하고 제주도에 유배중인 종신 이훈(李壎)을 왕으로 추대하려 한 역모 사건이 있었다.

물론 이 사건들은 사전에 발각되어 관련자들 모두 처형되었지만 왜 이들의 마음은 모반을 꾀하려는 불궤지심(不軌之心)으로 가득했던 것일까? 흔히 반역의 뜻은 불평이 많은 불우한 처지의 사람들이 품게 된다는 뜻으로 "남촌 양반이 반역할 뜻을 품는다"는 말이 있는데 그들을 두고 하는 말인 것 같다.

그런데 유배인들이 도모한 역모에는 당연히 제주도 사람들도 관련되어 있었는데 불평이 많은 불우한 처지야말로 제주도 사람들이 유배인들보다 더하면 더했지 못하지 않았다. 그러기에 그들은 쉽게 의기투합할 수 있었고 제주도에서 일어났던 조선 말기 대부분의 민란들이야말로 유배인과 제주도 사람들의 공조 작품들이었다. 그 민란의 기저에는 유배인들의 비판 의식과 제주도 사람 고유의 분리주의적 성향이 교묘히 혼합된 반골 의식이 도저하게 흐른다.

II. 서종하(徐宗廈) · 이거원(李巨源)

서종하는 세제 청정을 극력 반대하고 신임옥사 때 참모 역할을 했다는 이유로 제주도 대정현 창천리에 유배된다. 이거원은 노론 측이 세자였던 경종을 시해하고자 했었던 것이 김일경의 지시라는 사실을 고발한 목호룡의 글을 경종에게 전했다는 이유로 제주도 대정현에 유배된다.

탕평 반대

영조가 소론 대신들을 내몰고 노론 인사들을 등용한 것을 을사처분이라고 한다. 이로써 정권을 잡은 노론은 신임옥사 때 처단된 노론 인사들의 신원을 추진하고 그 보복을 주장하였지만 영조는 각 정파의 인사를 고르게 등용하는 것을 골자로 하는 탕평책을 펴고자 했기 때문에 노론 측의 소론에 대한 정치적 보복을 반대하고 오히려 을사처분 때 파직되었던 소인들을 불러들여 조정에 합류시키는데 이를 1727년 정미환국(丁未換局)이라고 한다.

이런 영조의 탕평책에 반대하다 제주도에 유배된 사람으로는 임징하·김유경·이선철 등이 있는데 특히 김유경과 이선철은 정미환국으로 복직된 소인의 조태억과 이광좌를 탄핵하다 유배된다.

I. 임징하(任徵夏)

노론의 임징하는 탕평책을 반대하고 소론 탄핵을 주장하면서 나아가 경종의 부덕함을 지적한 결과 영조의 분노를 사서 처음에는 순안에 유배되었다가 1727년 제주도 안덕면 감산리로 옮겨진다.

다행히 그는 제주 목사를 지낸 임홍망의 손자라는 이유로 제주도 사람들로부터 존경과 대우를 받는다. 임홍망은 송시열의 제자로서 숙종 때 제주 목사를 지내며 특히 향교에 책고를 세우고 책판을 개간하는가 하면 이름 없는 세금들을 없애 제주도 사람들로부터 선정관으로 칭송을 받았던 인물이었다.

임징하는 숙종 때 희빈 장씨를 반대하는 상소에 연루되어 유배되었던 김진구의 사위이다. 고영제라는 제주도 사람의 집을 적소로 정한 그는 지방 자제들을 가르치는가 하면 장인의 제자인 김덕항과 친교를 나누었다. 그런가 하면 숙종 때

임징하의 유허비. 기암 절벽의 병풍으로 둘러싸인 중문의 안덕 계곡 입구에 세워져 있다.

장희재의 편지에 연루되어 근처에 이미 유배와 있던 처남인 김춘택과 교류하며 동병상련의 정을 나누다 다음해에 의금부에 연행되어 곤장을 맞고 죽는다.

임징하처럼 제주도와 각별한 인연을 나누었던 사람도 드물다. 그의 할아버지는 제주 목사로, 장인과 처남 그리고 본인은 유배인으로 제주도와 관련을 맺고 있으니 그 인연을 두고 결코 하찮다고 할 수 없을 것이다. 그는 죽음을 예감하며 다음과 같은 시를 남긴다.

> 성현의 글을 읽어 배우는 바가 무엇이겠느냐.
> 하늘을 우러르나 땅을 보나 부끄러움이 없게 함이네.
> 예로부터 지금까지 그 누구가 아니 죽었느냐.
> 귤림이 곁에 있으니 오랜 세상을 기다려보세.
> 슬프다, 제자들이여. 나의 일을 가지고 경계치 말며
> 문 닫고 독서 부지런히 하여 게으름이 없도록 하라.

최인훈은 자기가 노력하지 않는데도 중대한 어떤 사건의 도래를 피부로 느끼는 걸 예감이라 부른다고 『광장』에서 얘기했다. 자신의 죽음이야말로 중대한 사건일진대 "예로부터 지금까지 그 누구가 아니 죽었느냐"고 하는 임징하의 담담함이 아무리 시라 한들 결코 예사롭지 않다.

II. 김유경(金有慶) · 이선철(李宣哲) · 조중명(趙重明) · 최학령(崔鶴令)

노론인 김유경은 정미환국으로 복직된 소론의 조태억을 탄핵하다가 제주도 대정에 유배된다. 그는 1730년 유배가 풀려 형조 참판에 제수되었지만 영조의 탕평책을 시종일관 비판했다. 그런가 하면 이선철은 영의정인 이종성이 영조의 탕평책으로 조태억과 함께 복직된 이광좌의 제자라는 점을 들어 그를 탄핵하다가 제주도 대정현에 유배된다.

왜 이렇게 많은 사람들이 영조의 탕평책을 비판한 것일까? 영조의 탕평책은 노론 · 소론 · 남인 · 북인, 즉 사색 안배를 통한 조제 · 보합 등 세력 균형에 중점을 두었기 때문에 특히 최고 세력인 노론 측의 불만이 없을 수 없었다. 당시 노론은 수적으로나 당파성으로나 요지부동의 세력이었기 때문에 영조의 탕평책을 시종일관 비판할 수 있었다. 이런 까닭에 영조의 뒤를 이은 정조는 그 폐단을 인식하여 사림의 사기 진작에 초점을 맞추어 정계 구도를 시파(時派)와 벽파(僻派)로 재편하였다.

조중명은 김유경 · 이선철과 마찬가지로 영조의 탕평책을 비판한 죄로 1757년 제주도 대정현에, 최학령은 1756년 정의현에 유배된다.

III. 조관빈(趙觀彬)

 신임옥사로 죽은 조태채의 아들이며 경종 때 제주도에 유배되었던 조승빈의 동생인 조관빈은 아버지 문제로 전라남도의 마로도에 유배되었으나 영조가 등극하면서 해배되어 대사헌이 된다. 그러나 정미환국으로 이광좌가 영의정으로 복직되자 그를 비판하다 제주도 대정읍 북문 김호의 집에 유배되었다가 다음해에 풀려난다. 조성집·조성복 형제처럼 조승빈·조관빈도 제주도 유배 생활을 경험한 형제들이다. 그들의 막내동생 조겸빈(趙謙彬) 역시 거제도에 유배되었으니 온 집안이 유배를 경험한 셈이다.

 조관빈은 제주도 여자들의 이색적인 삶의 풍경에 대해 다음과 같은 시를 남겼다.

> 시골 아낙 옷자락은 여미지 않아 몸을 드러내고
> 멀리서 샘물 길어 허벅 지고 가는구나
> 처첩 한집안 살이 괴로운데
> 날 저물어 방아 노래 원성처럼 들리네
> ──「탐라잡영(耽羅雜詠)」

 이건의 『제주풍토기』에는 "섬의 여인들이 물을 길을 때에는 머리 위에 이지 않고 등에 지고 가는데 벌통 같은 긴 통에

물을 길어서 지고 가는 모습이 매우 괴상하다"고 하였는데 조관빈 역시 이 광경이 특이했던 모양이다.

그런데 재미있는 것은 처와 첩이 한집안 살이를 한다는 부분이다. 육지에서는 종종 본처와 첩이 같은 가구를 형성하지만 제주도에서는 그러한 일이 없고 본처와 첩이 각기 별개의 가구를 형성하는데 조관빈은 그와 다른 얘기를 하고 있다.

첩의 비율이 육지보다 제주도가 훨씬 많기는 한데 그것은 이혼한 부인들이 가능하면 재혼을 원하지만 사회적 이동이 적은 지역 사회에서의 여다남소(女多男少) 현상으로 말미암아 필연적으로 그 일부가 첩의 길을 밟게 되기 때문이다. 물론 여기에는 처첩간에 신분 차이가 거의 없는 제주도의 특징도 한몫을 하고 있는 것이 사실이다.

탈취의 실패

1728년 3월 정권에서 배제된 소론의 일부 세력과 남인의 과격 세력이 연합하여 무력으로 정권을 탈취하려 했던 사건이 일어난다. 이를 두고 이인좌의 난 또는 무신년에 일어났다고 하여 무신란이라고 한다. 이 사건은 숙종이 희빈 장씨의 아들 세자 균(경종)이 병약한 점을 이유로 노론 당수 이이명과 독대하여 연잉군(영조)으로 하여금 경종의 대를 이을 수 있도록 부탁한 데서 비롯된다.

경종이 갑작스럽게 죽고 연잉군이 왕위에 오르자 소론은 정치적 기반에 위협을 받게 되었고 갑술환국 이후 영조와 노론을 제거할 계획을 세우면서 경종이 독살되었다는 유언비어가 유포된다. 이에 동조한 역모 세력들은 드디어 이인좌를 중심으로 청주성 함락을 시작으로 경종을 위한 복수의 깃발을 세우고 경종의 위패를 설치하여 조석으로 곡배함으로써 무신란이 시작되지만 결국 실패하고 만다. 이 사건은 영조에게 탕평책을 더욱 강화시킬 수 있는 명분을 주게 된다. 이인좌의 난과 관련하여 김성탁·심내복·조영득 등이 제주도에 유배된다.

I. 김성탁(金聖鐸)

1728년 3월 15일 스스로를 대원수로 자칭하고 청주성을 함락한 이인좌는 청주에서 목천·청안·진천을 거쳐 안성·죽산으로 향하였다. 이에 김성탁은 이인좌 난에 반대하여 창의사가 되었는데 그의 사람됨을 높게 평가한 관군 지도자들이 그를 중앙에 천거하여 요직에 기용된다.

김성탁은 유생 이해자 등이 중상하는 상소를 올려 사문이 화를 입게 되자 스승인 이현일을 위해 상소를 올렸다가 잘못을 옹호한 죄로 고문을 당하게 되지만 그를 천거했던 영의정 조현명의 도움으로 가까스로 제주도 정의현에 유배된다. 이

때 김성탁의 아들 김낙행이 동반하여 아버지를 극진하게 모심으로써 제주도 사람들에게 효라는 것이 무엇인가를 보여준다.

『논어』에 "부친이 생존할 때에는 그 뜻을 살피고 부친이 세상을 떠나면 그 행적을 살펴 부친이 해오던 방법을 삼 년 동안 고치지 않는다면 효자라 할 수 있다"고 했는데 김낙행이 바로 그 효자의 표본이었다. 시대착오적일지 모르지만 김낙행의 행동을 긍정하고 싶은 것은 효도하고자 하나 부친이 기다리지 않는 필자의 풍수지탄(風樹之嘆)의 처지 때문인지도 모르겠다.

사람이 어질지 못하면 효도하지 못한다. 그러기에 어진 사람으로 아직 부모를 버린 사람이 없다는 말도 있지 않은가. 우리가 김낙행의 행동을 긍정해야 할 이유가 하나라도 있다면 그것은 효의 실천을 가능케 하는 그의 어짊 때문이다. 오늘날과 같은 어질지 못한 세상에서 어질지 못한 사람이 필자만은 아닐 것이다.

이론의 절정

조선조 성리학의 이론적 탐구에 있어 절정의 경우가 두 차례였다. 그 한 경우가 16세기 중엽에 발생한 사단칠정에 대한 이기론적 해석의 논쟁이라면 또 한 경우는 18세기 초두에 발생한 인성물성(人性物性)의 동이(同異) 문제 논쟁이다. 특히 후자의 논쟁을 일컬어 호락 논쟁이라고 하는데 이 호락 시비는 이이와 송시열의 학풍을 계승하는 권상하의 문하에서 처음 발단하였다.

권상하의 문하에는 소위 강문팔학사로 일컬어지던 8명의 지식인들이 있었으며 그들 가운데 한원진과 이간이 가장 널리 알려진 학자로서 이들이 곧 논변을 야기시킨 주인공들이다. 당시 한원진은 인성과 물성이 다르다고 주장한 데 반하여 이간은 서로 같다고 함으로써 견해의 대립을 보였다.

그들의 논전 열의는 나아가 친우나 제자들까지 논쟁에 참여케 하였으며 이 논쟁에 참여한 지식인들은 두 견해 중 어느 한 편을 지지 동조함으로써 마침내 많은 학자들이 학파적 대립 양상까지 띠게 되었다. 이간의 제자인 이존중과 한원진의 제자인 권진응은 각각 영조의 탕평책을 반대하다가 제주도에 유배된다.

I. 이존중(李存中)·권진응(權震應)

이간의 제자인 이존중은 탕평책을 반대했다는 이유로 1751년 제주도 정의현에 유배되어 3년을 머무르는 동안 적소에서 지방 유생과 자제들에게 학문과 도덕을 교학하는 데 힘썼는데 이때 호락의 인물성동이(人物性同異) 논쟁이 소개된다.

그런가 하면 한원진의 제자이며 권상하의 증손인 권진응은 영조의 탕평책을 반대하는 상소를 올렸다가 제주도 안덕면 창천리에 유배되어 강필발의 집에 머물며 그 집을 창주정사(倉洲精舍)라 이름하고 지방의 유생들을 가르치다 1772년에 유배가 풀린다.

창주정사는 주자가 죽기 전에 머물던 곳으로 그때 그의 학문이 위학이라는 매우 심한 공격을 받아 어려웠으나 강학을 쉬지 않았고 저술 활동 또한 그만두지 않았는데 권진응은 자신의 처지를 주자에 비유했던 것이다.

그는 83년 전 송시열이 머물렀던 가옥을 돌아보고 유허비를 세우도록 하였는데 그 자취가 제주시 오현단에 남아 있다. 송시열이 제주도에 유배될 때 뒷일을 부탁했고 사약을 먹고 죽었을 때 눈을 감겨준 사람이 동문인 권상하였는데 권진응은 권상하의 증손이었기 때문에 감회가 깊었을 것이다.

이존중과 마찬가지로 권진응에 의해서도 호락의 인물성동이 논쟁이 소개되었는데 이 논쟁은 근본적으로 주자설을 원용함으로써 주자 사상의 범위를 벗어나지 않고 있기 때문에 제주도에서는 인물성동이의 어느 한 입장보다는 오히려 주자 사상의 풍부한 해석력 그 자체에 공감된 바가 없지 않았다.

왜냐하면 호론과 낙론이 각각 소개되었지만 제주도에서는

대립 양상을 보이지 않았기 때문이다. 이것은 대립된 개별적인 사상을 고집하기에는 제주도의 형편이 학문적으로나 교육적으로 고립이 심했었고 그로 인해 논쟁을 이끌 만한 수준이 미약했었기 때문이다.

II. 임관주(任觀周)

영조의 탕평책으로 등용된 대신들의 무능을 통탄하고 비판하다가 제주도에 유배되어 안덕면 창천리에 머물다 곧 해배되어 돌아갔는데 돌아가면서 자기가 머물던 창천리의 계곡과 한라산을 돌아보고 암벽에 시를 새겼다.

처음으로 가시 문을 나서는 날에
베개 밑 시냇물을 먼저 찾았네
푸른 바위 세 굽이 둘러섰네
늦가을 단풍가엔 짧은 폭포가 있네

이 마애 시는 안덕면 창천리 창천 계곡 암벽에 새겨져 현존해 있다. 유배가 풀린 뒤에 쓴 시여서 그런지 매우 폭넓은 운신의 자유가 넘치고 있다.

III. 은언군(恩彦君)·은신군(恩信君)

사도 세자가 죽고 정조가 세손이 되자 사도 세자를 죽음으로 몰아넣었던 세력들이 정조가 왕위에 오르면 자신들의 목숨이 위태로울 것이 염려되어 새 왕자를 추대하려는 음모를 꾸민다. 그러나 이 일이 발각되자 정조의 이복 동생인 은언군과 은신군은 제주도에 유배되었다. 이후 은신군은 제주도에서 병사하고 은언군은 강화도로 옮겨진다. 이 역시 궁중의 권력 투쟁에 종친들이 희생된 경우이다. 조선 제25대 임금인 철종은 바로 은언군의 손자이기도 하다.

정조 시대

시해 음모

요절한 영조의 큰아들 진종(眞宗)의 후사로 왕위에 오른 정조는 세손 시절부터 위험한 고비를 여러 번 넘겼다. 아버지 사도 세자가 당쟁에 희생되었듯이 정조 역시 항상 죽음의 위협 속에서 세손 시절을 보내야 했던 것이다.

그 고난의 시절을 오직 독서를 통한 경명행수(經明行修)로써 이겨낸 정조는 즉위하고 나서 "내가 밤잠을 안 자고 독서하다가 새벽닭이 울고 나서야 잠자리에 든 지 몇 날 몇 밤이던가?"라고 그 감회를 피력하였다. 암살의 위험을 벗어나기 위해서라도 새벽까지 잠을 줄여가며 독서에 정진하곤 했는데 조정철이 정조 시해 음모와 관련되어 제주도에 유배된다.

I. 조정철(趙貞喆)

조정철은 1777년 제주도에 유배되어 도내의 이곳 저곳으로 옮겨 지내다가 1805년 나주로 옮겨지고 1810년에 풀려나기까지 무려 33년의 유배 생활을 한다. 조정철은 신임옥사 때 사사된 노론 4대신 가운데 한 사람인 우의정 조태채의 증손으로 그의 집안은 3대에 걸쳐 4차례나 제주도 유배를 경험한다.

그의 할아버지가 되는 조승빈은 1723년 신임옥사로 정의현에 유배되었는가 하면 조승빈의 동생으로 조정철의 작은 할아버지가 되는 조관빈은 1731년 신임사화의 전말을 상소하다가 대정현에 유배되었다. 그런가 하면 조정철의 부친 조영순도 1754년 탕평책에 연루되어 제주목에 유배된 적이 있었다. 이런 가운데 조정철도 시해 음모에 연루되어 유배되었으니 50년 사이에 한 집안에 4사람이 제주도에 유배되는 희한한 경험을 하게 된다.

강용휘 등이 정조를 시해하고 그의 이복 동생을 옹립하려는 음모를 꾸미다가 탄로되어 관련자들이 죽게 되는데 조정철은 이에 연루되어 참형에 처해질 위기에 처했으나 우의정 조태채의 증손임이 참작되어 1777년 유배되어 제주도 사람 신호의 집에 적거하게 된다.

머지않아 조정철은 제주도 여자 홍윤애와 사랑에 빠지게 된다. 한 사람은 유배인으로서, 한 사람은 변방의 미천한 여자로서 비록 그들은 보잘것없는 삶을 영위하지만 살기 위해 사랑하는 사람들은 정말이지 아름답다. 그러기에 살기 위해 사랑하는 풍경을 두고 어떤 시인은 "아름다워라, 산다는 것이, 정말 보기에 좋아라"라고 노래했다. 사랑의 결실로 그들은 귀여운 딸을 분만한다.

그러나 1781년 조정철의 집안과는 이미 할아버지 때부터 불구대천의 원수지간이었던 소론파의 김시구가 목사로 부임하면서 그들의 사랑은 위기를 맞게 된다. 그는 조정철을 죽일 수 있는 새로운 죄목을 캐기 위해 거동을 염탐하던 중 적소에 홍윤애가 출입하는 것을 알고 그녀를 잡아다가 음모 여부를 문초하였지만 그녀는 모든 사실을 부인하였고 끝내 자신의 죽음으로 조정철을 변호한다. 후일 조정철은 이때의 정황을 "어제 미친 바람이 한 고을을 휩쓸더니, 남아 있던 연약한 꽃잎을 산산이 흩날려버렸네(昨日狂風吹大樹 殘花嫩葉落紛紛)"라고 비통하게 시의 한 구절로 토로한다.

김시구는 죄상을 밝힐 증거도 드러나지 않은 상태에서 사람을 죽인 사실을 은폐하기 위하여 제주도 유배인들이 역모를 꾸민다는 허위 보고를 올리게 된다. 이에 조정은 제주 목사 및 대정 현감·정의 현감을 새로 임명하고, 어사를 파견하여 조사를 벌이지만 조정철은 혹독한 심문 끝에 결국 무혐의로 출옥하여 1782년에 정의현 김윤재·김응귀의 집으로 적거를 옮기게 된다.

1788년 나주로 유배지를 옮겼다가 1805년 유배가 풀려 1809년 관직에 등용되었는데 1811년 제주 목사가 되어 한 맺힌 제주도를 다시 찾게 된다. 조정철은 제주 목사로 부임하자마자 그를 위해 죽어간 홍윤애의 혼을 달래고, 딸도 만나보게 되는데 그가 제주 목사가 된 것도 그녀에게 진 빚을 갚기 위한 뜻이 있었지 않은가 추측해보게 된다.

그녀를 위해 조정철이 쓴 비문이 일품이다. 이 가운데 특히 앞부분의 분위기가 범상치 않다.

> 옥 같던 그대 얼굴 묻힌 지 몇 해던가.
> 누가 그대의 원한을 하늘에 호소할 수 있으리.
> 황천길은 멀고 먼데 누굴 의지해서 돌아갔는가.
> 진한 피 깊이 간직하고 죽고 나도 인연이 이어졌네.

지식인의 로맨스는 그 자체가 인간의 향기다. 때로 그것을 불륜이라 몰아세우기도 하지만 그러나 그럴 때 남는 것은 교조적 금욕주의일 뿐이고 인간의 향기는 자취가 없다. 임제가 병마사 벼슬로 황진이의 무덤을 찾아 비가를 읊었을 때 거기에서 우리는 짙은 인간의 향기를 맡게 되지만 관리가 기생을 시로 읊었다 해서 그를 파직한 사실에서 바로 교조적 금욕주의의 일단을 보게 된다.

그러기에 지식인의 로맨스는 방탕이 아니다. 황진이가 칭병하여 하룻밤을 유혹한 것에도 흔들리지 않는 서경덕의 극기력을 바탕으로 한 것이기에 그것은 이미 치정을 초월해 있다. 임제가 평양 기생 한우를 마지막으로 수많은 여자를 편력한 사실을 두고 불륜이며 방탕이라고 할 때 기껏해야 그것은 "때로는 향가와 주사를 만랑(漫浪)함으로써 자적하고 때로는 비가하여 강개"했던 한 지식인의 39년의 생에 대해 무지함을 토로하는 일에 지나지 않는다.

그러나 오늘날 지식인의 위상이라는 것이 편협한 전문주의를 벗어나지 못하고 있는 상황에서 그들에게 로맨스를 기대한다는 것은 사막에서 오아시스를 찾는 격인지 모른다.

조정철은 유배 생활 동안에 『정헌영해처감록(靜軒瀛海處坎錄)』을 썼는데 제주 유배중에 쓴 시가와 제주의 풍속·기후·산물 등이 실려 있다.

> 잠은 어이 더디고 밤은 왜 이리 길꼬
> 하늘가 기러기 소리 애간장을 끊네
> 만사가 이제 텅 비어 백발과 같아
> 쫓겨난 신하의 눈물 천리를 가네

"만사가 텅 비어 백발과 같다"는 구절이야말로 유배인으로서의 심경을 극명하게 드러낸 표현이라고 하겠다. 그러나 조정철은 백발의 외로운 꿈만을 꾼 것은 아니었다. 홍윤애의 사랑이 있었고 홍윤애의 죽음이 있었다. 그것들은 모두 그리움의 다른 이름들이다. 그리움이 남아 있는 남자, 그러기에 조정철은 행복한 유배인이었다. 홍윤애의 무덤은 제주도 북제주군 애월읍 금덕리에 있고 지금도 조정철이 세운 비가 남아 있다.

II. 권일신(權日身)

권철신의 동생으로 세례명 프란시스코 자비에르였던 권일신은 양명학을 연구하다가, 1782년 이벽의 권유로 천주교에 입교하여 청나라에서 영세를 받고 온 이승훈에게 최초로 영세를 받는다. 역관 김범우의 집에서 수차 집회를 가진 얼마 후, 이 집회가 발각되어 김범우는 처형되고 다른 사람들은 양반 출신이라 하여 용서를 받았다.

권일신은 한국인 교인들끼리 모여 가성직제(假聖職制)를 결정할 때 신부가 되어 교인을 북경에 보내 신부의 파견을 요청함과 동시에 성사의 집행 및 재래 제사의 가부를 문의한다. 그 결과, 교황이 임명하지 않은 주교는 성사를 집행할 수 없으며, 제사는 폐지돼야 된다는 회답을 받았으나 그는 계속 전도에 힘쓴다. 1791년 전북 진산의 윤지충·권상연 등이 제사를 폐한 일로 참형된 신해박해 때 권일신은 이승훈과 서학서를 간행하다가 천주교 반대파 홍낙안·목만중 등의 고발로 구속되어 제주도에 유배된다.

형관은 그가 80세 되는 늙은 어머니를 모시고 있는 약점을 잡아가지고 늙은 어머니를 봉양할 것을 권하며 감언이설로 그를 꾄 결과 드디어 개심서를 지어 바치며 왕의 명령을 따르겠다고 약속함으로써 배교를 하게 된다. 그 결과 그를 예산으로 옮겨 그 지방 천주교인들을 배교시키는 데 이용하고자 하였으나 매를 맞아 다친 곳이 덧나 도중에 죽는다.

권일신은 분명 배교를 하였고 그렇기 때문에 천주교 측에서는 그에 대해 별로 주목을 하지 않았다. 그런데 C. 휘틀리는 순교에는 3가지 형태가 있다고 했다. 첫째는 의지와 실제로 한 순교로서 가장 고귀한 것이고, 둘째는 의지로 순교했으나 실제 순교한 것은 아닌 것이고, 셋째는 실제로 순교했으나 의지로 순교치 않는 사람들로서 교회는 이를 꼭 같이 순교자로 기린다고 했다.

이런 C. 휘틀리의 어법을 빌린다면 배교에도 의지와 실제로 배교한 경우와 실제는 배교했으나 의지는 배교치 않은 경우가 있을 법한데 권일신의 경우는 적어도 후자가 아닌가 생각된다. 왜냐하면 권일신에게 영세를 주었고 함께 포교 활동을 했던 이승훈이 3번이나 배교를 하면서도 다시 교회에 돌아왔었던 점으로나, 권일신의 형인 권철신 또한 1801년 신유박해 때 순교를 했었던 가족 사항으로나 권일신의 배교는 분명 이승훈과 비슷한 전략적 배교였을 것이라 여겨지기 때문이다. 다만 그것이 장독으로 죽게 됨에 따라 다시 교회에 돌아오지 못했던 것은 아닌가 생각된다.

전략적이지 않다고 하더라도 80세 된 어머니 때문에 개심서를 쓸 수밖에 없었던 권일신의 배교는 가족들의 권유로 배교를 하고 척사문을 발표했는가 하면 제사 문제 때문에 배교를 했던 이승훈의 경우보다 차라리 인간적인 면모가 더욱 엿보인다. 어쩌면 그래서 더욱 그의 배교를 주목하게 되는 것인지도 모르겠다.

제주도에 천주교가 전래된 시기를 교계에서는 최초의 선교사가 부임했던 1899년으로 잡고 있으나 비록 배교를 했지만 권일신의 유배 등으로 그 단초는 일찍부터 마련된 것으로 짐작된다. 이어 순조 때 황사영의 부인인 정난주의 유배도 그 정황을 짐작할 수 있게 하는 좋은 증거라고 할 수 있다. 물론 그들은 천주교에 대한 포교 자체는 불가능했겠지만 그들의 입도 자체만으로도 단초의 가치가 충분하다고 하겠다.

순조 시대

천주교 전래

조선의 천주교는 숙종 이후 거의 정치권에서 소외되어 있던 남인 소장 학자들을 중심으로 지식층에 전파된다. 17세기에도 소현 세자나 홍대용 등에 의해 전해져온 천주학 서적들에 대한 연구는 있었지만 종교로 받아들여 정식으로 신자가 생긴 것은 18세기에 들어와서였다. 그 대표적인 사람이 이승훈이었으며 다산 정약용 형제들과 이가환·권철신 등 재야 남인 세력들을 중심으로 조심스럽게 퍼져나갔다.

정조가 죽고 정순 왕후 김씨가 어린 순조를 대신해 수렴청정을 하게 됨에 따라 벽파가 정권을 장악하게 되었다. 그동안 수세에 몰렸던 벽파는 정적이었던 남인 시파의 세력을 꺾기 위해 즉각 정치적 대공세를 펼쳤고 벽파의 후견이었던 정순 왕후는 1801년 언문 교지를 내려 천주교 박해령을 선포하고 전국의 천주교도들을 잡아들인다. 이를 두고 신유박해라고 한다.

신유박해는 인륜을 무시하는 사교를 뿌리뽑아 나라의 기강과 윤리를 바로 세운다는 명분 아래 정적인 남인 시파와 진보적인 사상가들을 제거하기 위한 정치적 숙청이었다. 신유박해와 관련 이치훈·정난주 등이 제주도에 유배된다.

I. 이치훈(李致薰)

이승훈의 동생 이치훈은 신유박해로 제주도에 유배된다. 그의 형인 이승훈은 조선 천주교 사상 최초의 영세자로서 세례명은 베드로였다. 이벽을 만나 천주교에 심취, 서장관인 부친을 따라 청나라에 가서 예수회의 그라몽 신부에게 세례를 받았다. 그해 교리 서적과 십자고상을 가지고 귀국, 현 명동의 김범우 집을 교회로 삼고, 가성직 제도를 채택, 사제 대행권자로서 주일 미사와 영세를 행하며 전도를 시작하였다.

이듬해 당국에 발각되어 체포되자 가족들의 권유로 배교하고 척사문을 공표하였으나, 복교하여 자치적으로 교회 활동을 개시, 자신이 직접 주교가 되어 성사를 집행하였다. 1789년 평택 현감에 등용되었는데 이듬해 가성직 제도와 자치 운동은 위법이며, 조상에 대한 제사도 철폐해야 한다는 파리 외방전 교회의 회신을 받고, 그는 제사 문제로 두번째로 배교한다. 그 후 다시 교회에 돌아왔으나 진산 사건이 일어나 서학 서적을 발간했다는 탄핵을 받고 관직을 삭탈당하고 투옥된다.

옥중에서 다시 배교하고 석방되었다가 1794년 중국인 신부 주문모가 밀입국하였다는 소식을 듣고 다시 교인이 되었는데, 이듬해 주문모를 맞아들인 죄로 그는 예산에 유배되었다가 1801년 신유박해로 의금부에서 취조를 받고 서소문 밖 형장에서 사형을 당한다. 1866년 아들 신규와 손자 재의가 순교한 데 이어 1871년에는 증손 연구·균구가 순교함으로써 4대에 걸쳐 순교자를 낸 집안이 되었다.

신유박해의 여파는 이승훈의 동생인 이치훈에게도 영향을 미쳤고 결국 그로 인해 제주도에 유배를 오게 되었다. 이치훈이 천주교 신자였는지는 알 길이 없지만 형의 영향을 받았을 것이라 추측된다.

II. 정난주(丁蘭珠)

정난주는 황사영 백서 사건의 장본인인 황사영의 부인이다. 중국인 신부 주문모에게 알렉산드르라는 교명으로 영세를 받은 황사영은 신유박해가 일어나자 충청도 제천군 봉양면 배론(舟論)이라는 토기를 만드는 천주교도의 마을로 숨어든다. 그곳에서 그는 황심·옥천희라는 열렬한 신자와 연락이 닿아 위기에 놓인 조선 교회를 구출하는 방책을 상의한다.

그들은 조선 교회의 박해받는 실정을 자세히 기록하고 교

정난주의 묘. 천주교 제주 전래 100주년 기념 사업의 하나로 성역화되었다.

회의 재건책을 호소하는 길이 62cm, 너비 38cm 되는 흰 명주 비단에다 한 줄에 110자씩 121행, 도합 1만 3천여 자를 검은 먹으로 깨알같이 쓴 긴 편지를 10월에 떠나는 동지사 일행에 끼여서 북경 주교에게 전달하려고 한다. 그러나 관헌에게 발각되어 황사영은 처형되고 어머니는 거제도에, 처인 정난주는 제주도 대정에, 아들은 추자도에 각각 유배된다.

정난주는 정약현의 딸로서 그녀의 숙부가 되는 정약전·정약종·정약용은 모두 천주교 신자였다. 그녀는 37년 동안을 관노로 제주도 대정에서 유배 생활을 하다가 죽었는데 서울 할머니라는 이름으로 동네 사람들에게 칭송을 받았다. 최근 천주교 제주 교구에서는 정난주의 묘역을 성역화하였다.

헌종 시대

세도의 대립

헌종 시대는 내우외환으로 후기 조선 사회의 붕괴 조짐이 드러나던 시기였다. 특히 순조 시대부터 시작된 세도 정치의 여파로 민생의 어려움이 그치지 않았다. 세도는 본래 세상을 바르게 다스리는 도리라는 뜻이었지만 정조 시대 이후 조정의 대권을 위임받아 독재를 하기 시작한 데서 변질되어 임금의 총애를 받는 신하나 외척들이 독단으로 정권을 휘두르는 것을 일컫는 말이 되었다.

세도 정권의 특징은 당쟁 시대와 달리 견제 세력이 전혀 없다는 것이다. 세도 정치 초기에는 안동 김씨와 풍양 조씨 일족간에 권력 장악을 위한 대립이 있었는데 이 알력 과정에서 김정희가 제주도에 유배된다.

I. 김정희(金正喜)

김정희는 북학파 박제가를 첫 스승으로 모시면서 실학의 학문적 기초를 다지고 연경(燕京) 방문으로 청나라의 학문적 전통을 계승, 새로운 학문의 방법론을 인식하면서 약관의 나이에 몸소 실사구시 학파의 원류로서 두각을 나타낸 조선 후기의 큰 인물이다. 그는 안동 김씨의 정치극으로 자행된 1840년의 윤상도 옥사가 재론되기 전까지는 평탄하게 벼슬길을 걷다가 이 사건으로 55세 때 제주도 대정현에 유배되어 종신 무기수로서 9년을 지내게 된다.

성리학이 지닌 모순과 한계를 극복하려는 사상적 반정 운동인 실학은 마침내 종래에 행해져온 학문 방법의 전환을 꾀하면서 경세치용·이용후생·실사구시의 세 유파로 나뉘게 된다. 경세치용은 제도 개혁과 농민 문제에 주로 관심을 기울였고, 이용후생에서는 기술 개혁과 상공업의 장려를 역설했으며, 실사구시의 경우에는 청대 고증학의 영향을 받아 학문을 근대 과학으로 발전시키는 데 기여를 하게 된다. 이러한 실학 사상이 제주도에 소개된 직접적인 계기는 유배인 김정희에 의해서였다.

김정희의 유배 생활은 후일 그의 학문을 잇고 『완당집(阮堂集)』을 편집하였으며 두 차례나 제주도를 방문했던 내종사촌 민규호가 다음과 같이 간략하게 소개하고 있다.

귀양사는 집에 머무르니 멀거나 가까운 데로부터 책을 짊어지고 배우러 오는 사람들이 장날같이 몰려들어서 겨우 몇 달 동안에 인문이 크게 개발되어 문채 나는 아름다움은 서울풍이 있게 되었다. 곧 탐라의 거친 풍속을 깨우친 것은 공으로부터 비롯된 것이다.

　이렇듯 김정희의 유배는 제주도 지식인들에게 중요한 자극이 되었다. 무엇보다 그는 제주도 사람들을 가르치면서 실학이라는 새로운 교육 내용을 소개하면서 여러 제자를 두게 된다. 평소 그의 제자가 삼천 명이라는 강위의 증언이 시사하듯 많은 제자들을 배출하였는데 제주도에서도 예외가 아니었다.

　즉 강사공·박계첨·이시형·김여추·이한우·김구오·강도순·강기석·김좌겸·홍석우·김병욱 등이 그들로서 이들의 신분은 양반 사대부를 제외한 넓은 의미의 하층 계층으로서 소위 위항(委巷) 계층이었다.

　그들 위항 계층이 주도한 제주도의 위항 문화 운동은 육지부의 그것과 비교할 바 아니지만 그 가운데 전각(篆刻) 운동 같은 것은 제주 특유의 계보를 형성할 정도의 생명력이 있는 운동이었다. 전각이란 나무나 돌·금·옥 등에 인장을 새기거나 또는 그 새긴 글자를 말하는데 김정희는 전각에도 조예가 깊은 인물이었다.

김정희의 조예는 제주도 사람 김구오에게 계승되고 이어 김구오의 아들인 우제가 정통을 이었고 우제의 아들 김의남이 가법을 따랐다. 이어 김의남을 홍종시가 이었고 이어 박판사가 전승하는 등 조선 후기 특유의 제주도 문화 운동이 활발하게 전개되었다.

또한 김정희의 도움으로 문력(文力)을 키운 김구오·강도순·박계첨 등은 제주 필원으로 추앙된다. 이 같은 추세는 조선 말기 유배인 김윤식이 주도했던 '귤원' 시회의 모임과 활동으로 계승된다.

이러한 문화 운동은 근본적으로 "사람의 재주란 각각 하늘에서 받은 것이라 처음에는 지역에 따른 차이가 없습니다. 다만 눈 밝은 사람이 열어 이끌어줌이 없을 뿐입니다"라는 김정희의 학문관 때문에 가능한 것이었다. 인간의 문화는 실은 철저하게 학습되고 계승되는 것이며 문화 수준의 지역적 차이는 인종의 재능 차이에 기인하는 것이 아니라 오랜 역사를 통하여 개발되고 계승된 문화의 차이에 기인하는 것임을 김정희는 철저히 믿고 있었다.

따라서 낙후된 문화 수준을 끌어올리고 묻혀 있는 재능을 개발하는 것은 스승의 인도만 있으면 얼마든지 가능하다고 보았던 것이다. 그것은 제주도라고 하여 예외일 수 없었으며 오히려 제주도는 스승으로서의 역할이 더욱 촉발되어야 하고 또한 될 수 있었던 지역이었다.

당시 조선 최고의 문화 수준을 향유하고 청나라의 문화와 학자를 접하고 절해고도 제주도로의 유배 편력을 통하여 김정희가 절실히 느낀 것은 인간이 문화를 창조하지만 그보다 더욱더 문화가 인간을 만들기도 한다는 것이었다. 개인의 타고난 재능의 계발은 어느 지역, 어느 계층, 어느 신분에 처하느냐에 따라 엄청난 차이가 있다고 그는 생각하였다.

선천적으로 타고난 천재는 거의 없고 평범한 재능을 타고나는 사람들이 대부분이며 그 평범한 재능을 비범한 것으로 바꾸는 것은 개인의 타고난 재능보다 차라리 한 사회가 가지고 있는 문화 유산의 계승에 의해서라는 것이 김정희의 생각이었다.

따라서 그는 궁벽한 절해고도 제주도에도 문화의 계발이 이루어지기를 열망하였고 중인 계층의 재주를 유난히 반가워하고 격려했다는 사실을 환기할 필요가 있다. 이는 제주도에서 양자인 상무에게 보낸 서한 가운데 특별히 제주 유생 이시형을 부탁하는 글에서 잘 드러나 있다.

여기 이시형이라는 사람은 나이가 젊고 재주가 뛰어난데 결단코 학문을 하고자 하니 그 뜻이 자못 예리하여 막을 수 없으므로 올려 보내니 함께 공부하여보도록 하여라. 비록 그 견문이 넓지 않다 하더라도 만약 갈고 닦게 한다면 족히 이곳의 책을 읽지 않는 사람들에게서는 뛰어날 수 있을 것이다.

　자기는 자신이 속해 있는 동양 문화권의 정상에 올라 그 문화의 시원과 맥락의 지향점을 가늠해보는 것을 목표하면서 문화에서 소외된 지역, 소외된 계층에 대한 남다른 관심과 정열을 아울러 가졌던 것이 김정희였다. 이러한 까닭에 유배지에서도 문하에 많은 사람들의 내왕이 빈번할 수 있었던 것이다.
　유배지에서 김정희가 제주도 사람들에게 존경을 받은 것은 바로 그의 덕행과 학문이 제주도 사람들의 표솔이 되기에 충분할 뿐 아니라 제주도 사람들에게 미치는 교육적 관심이 크기 때문이었다.
　스승에는 여러 가지 유형이 있다. 크게는 엄격한 스승과 온화한 스승이다. 엄격한 스승은 자신에게도 엄격하고 학생에게도 엄격하다. 그러면서도 학생들의 존경을 받는 분이다. 온화한 스승은 차근차근 타이르면서 언제나 온화하고 성내지 않는다. 그는 학생들에게 친화감을 주면서도 스승으로서의 위망을 손상받지 않는 분이다. 김정희가 바로 그런 스승이었다.
　김정희는 유배지에서 많은 서적들을 읽고 공부하였는데 기껏해야 『통감(通鑑)』과 『맹자(孟子)』에 불과했던 제주도의 형편에서 새로운 서적의 소개는 격조 높은 문화적 충격이었다. 그 가운데 제자를 통해 받았던 1843년 계복의 『만학집(晚學集)』 8권과 운경의 『대운산방집(大雲山房集)』 8권 그리고 하장령의 『황청경세문편(皇淸經世文編)』 120권이 주목된다.

『만학집』은 1841년 간행되었는데 계복의 경술을 살펴볼 수 있는 매우 귀한 자료다. 또 『대운산방문고초집(大雲山房文藁初集)』은 1811년 간행되었고 2집 4권 『목록범잡문(目錄凡雜襍文)』 96편은 같은 해 장주의 송양광에 의해 간행되었지만 김정희가 받은 것은 초집 4권이었다. 『황청경세문편(皇淸經世文編)』은 1827년 간본으로 자서가 있다.

이 밖에도 많은 서적들이 있다. 명나라 이시진이 편찬한 『본초강목(本草綱目)』 52권, 청나라 고종이 편찬한 『어선당송시순(御船唐宋詩醇)』 47권, 원나라 방회가 편찬한 『영규율수(瀛奎律髓)』 49권, 청나라 손악령 등이 봉지찬한 『어정패문재서화보(御定佩文齊書畫譜)』 100권, 청나라 성조가 어찬한 『어찬주역절중(御纂周易折中)』 22권, 명나라 만력 진원서 각(刻)의 『발해장진첩(渤海藏眞帖)』 8권, 양나라 주흥사가 편찬한 『천자문(千字文)』, 도경(道經)의 일종인 『영비경(靈飛經)』, 청나라 위원이 쓴 서양 문물 소개서인 『해국도지(海國圖志)』, 소동파가 황주에 귀양가 있으면서 지은 시첩인 『기정시첩(岐亭詩帖)』, 청나라 유용이 법첩으로 만든 『청애당석첩(淸愛堂石帖)』 4권, 철첩이 만든 금문도록 『십륙장락당고 기관식(十六長樂堂古器款識)』, 남송 누기가 편찬한 서학(書學)에 관한 책인『한례자원(漢隷字原)』등이 그것이다.

이들 가운데 가장 눈길을 끄는 책은『해국도지』이다. 이 책은 청나라 위원이 쓴 서양 문물 소개서로서 청조말의 중국은 물론 조선과 일본에도 큰 영향을 끼쳤다. 이 책은 후일『만국정표』등이 간행되어 풍부한 해외 지식이 제공되기 전까지는 해외에 관한 가장 권위 있는 입문서였다.

이 책은 단순한 세계지사서(世界地史書)임에 그치는 것이 아니라 19세기 청나라 공양 학파의 입장을 대변하는 사상서로서 조선 말기에 들어 박규수와 유대치 등을 통하여 김옥균 등의 개화파에 영향을 주었다.

『해국도지』의 50권은 1842년에 완성되어 1844년에 간행되었는데 김정희는 1845년에 벌써 이 책을 입수하였다. 1845년 막내아우에게 보낸 서한에서 "『해국도지』는 요사이 좋은 소일거리를 만들어주고 있네. 그러나 눈 어두운 것이 이와 같아서 예전처럼 책을 읽을 수가 없으니 아쉽기 짝이 없군"이라고 쓰고 있다.

그는 또한 이 책의 가치를 이해하고 공책에다 베끼는 노력도 아끼지 않았다. 그는 또한 친구 권돈인에게 보낸 서한 가운데서도 "『해국도지』는 꼭 필요한 책이며 나에게 있어서는 다른 집의 보물과 맞먹는다"고 쓰고 있다. 이렇듯『해국도지』가 중요한 이유는 그것이 근대 조선의 개화 사상을 낳는

한 빌미가 되고 있기 때문이다.

　제주도 유배중임에도 불구하고 김정희가 많은 책들을 대할 수 있었던 것은 제자 이상적의 도움이 컸다. 이상적은 초인적인 노력으로 김정희에게 여러 가지 서적을 멀리 중국에서 구해서 제주도에 전해주었는데 이런 제자의 정성에 감동한 김정희는 송백 네 그루가 서 있는 적거의 풍경을 그려 「세한도(歲寒圖)」라고 칭하고 제발(題跋)을 쓰고 제자의 신의에 감사의 뜻을 여실히 보여주었다.

　김정희는 이렇듯 문화 전반, 특히 학문과 예술에 대하여 깊은 관심을 가지고 있었으며, 개인적 친분으로 간곡히 당부하거나 논쟁하는 방법으로 주변 사람들을 가르치고 깨우쳐주었다. 당시 제주 목사로 와 있던 이원조 목사와의 『고문상서(古文尙書)』 위작 논쟁이 그 대표적인 예다. 대체로 학술 논쟁은 쌍방이 지니는 주장에 따라 자신의 주장을 끝까지 관철시키면서 상대방의 이론적 주장을 깨뜨리려는 것이다.

　그러나 논쟁이 진행되는 동안 자신의 장점은 더욱 발휘되고 단점은 천하에 공개된다. 이것은 학문의 발전에 매우 귀중하다. 더욱이 논쟁의 초점을 세상에 내걸어 공표하는 문제는 논쟁의 커다란 공헌이다. 무엇보다 김정희의 공헌은 논쟁의 초점을 제주도 사람들에게 공표함과 동시에 더불어 함께하는 논쟁 정신을 발휘시켰다는 사실에 있다.

　근본적으로 그의 관심은 비록 동양 문화권의 원류라 할 수

추사 적거지. 추사는 자기가 머물던 집에 대해 온돌방은 한 칸인데 남쪽에 눈썹 같은 툇마루가 있고 동쪽에 작은 부엌이 있으며 부엌의 북쪽에는 또 두 칸의 부엌이 있고 광이 한 칸 있다고 하였다.

있는 중국 문화에 깊이 경도되어 있었지만 결국 그것은 조선의 문화를 부흥시키고자 하는 열망에서였으며 더 나아가 제주도와 같은 낙후된 지역의 낙후된 사람들에 대한 애정과도 연결되어 있었다. 이 같은 김정희의 교화 노력으로 제주도에서는 실학의 분위기를 맛보게 된다.

제주도 유배 시절 대흥사에 있던 초의 선사가 죽로차와 키우던 차나무를 보냈다고 한다. 추사는 그 차를 마시고 차나무를 기르며 유배지에서의 울분을 누르고 서도에 정진하였다. 이때 추사가 초의 선사의 차 선물에 대한 보답으로 『반

야심경』한 질을 써서 보냈다는 유명한 일화가 있으며 서도의 정진으로 완성을 본 것이 바로 추사체(秋史體)이다. 그러니까 추사체는 제주도 유배 산물의 절정인 셈이다.

그런가 하면 김정희는 유배 생활을 하는 동안에 부인인 예안 이씨를 잃게 되는데 그 경처심이 놀라울 따름이다. 그는 21세에 한산 이씨를 여의고 후취로 예안 이씨를 맞이하였다. 생양가를 받들기 위하여 남보다도 더 고생을 시켰고 자기가 기구한 운명으로 유배를 당했을 때는 부인이 도맡아서 가사를 처리해야만 했다. 이런 부인을 남달리 애지중지함은 인지상정이라고도 할 수 있으나 봉건 시대의 남편의 처신으로서는 이해가 잘 되지 않는다. 제주도에서 부인에게 보내는 편지마다 그 사연이 용건만의 전달이 아니라 구석구석에 애경심이 놀랍도록 지극하다. 부인이 죽은 줄도 모르고 쓴 편지도 있는데 죽은 지 27일 만에 부인의 부고를 받고 애통의 심정으로 「애서문(哀逝文)」을 쓴다. 그의 비통한 심정이 눈에 역력하다.

아아, 대체로 사람마다 모두 죽음이 있거늘 홀로 부인만 죽음이 있지 않을 수 있으리오만, 죽을 수 없는데 죽은 까닭으로 죽어서 지극한 슬픔을 품게 되었을 것이고 기막힌 원한을 품었을 것이오. 〔……〕예전에 일찍이 장난으로 말하기를 부인이 만약 죽으려면 나보다 먼저 죽는 것만 못할 것이니 그래야 도리어 더 좋을 것이라 하면 부인은 크게 놀라서 이 말이 내 입에서 나오면 곧 귀를 막고 멀리 가버려서 듣지 않으려고 했었소. 이것은 진실로 세속의 부녀자들이 크게 싫어하는 것이나 그 실상이 이렇고 보니 내 말은 끝까지 장난에서 나온 것만은 아니었소. 그런데 마침내 부인이 먼저 죽었구려.

살아서 함께 늙고 죽어서 같은 무덤에 묻힌다는 해로동혈(偕老同穴)의 순탄한 부부 일생을 어느 부부인들 원치 않겠는가. 최근 인기리에 상영된 「타이타닉」이라는 영화에서 혼자 구명되는 것을 반대하며 함께 죽어가던 노부부의 "We have been together for forty years and we will not separate(우리가 40여 년을 같이 살아왔는데 이제 와서 떨어질 수야 있겠는가)"라는 말이 생각난다. 결코 백 년의 해로가 쉽지 않다.

사이가 어찌나 친근하면서도 조심스러운지 김정희 부부는 마치 진나라의 기결(冀缺) 부부의 금슬과도 같이 의좋다. 그러나 기결은 그로 인해 문공(文公)에게 채용되었지만 김정희는 제주도에서 유배의 가시밭길을 걸을 뿐이었다.

철종 시대

세도의 전횡

철종 시대는 순조 시대부터 시작된 안동 김씨의 세도 정치가 절정을 이루던 때였으며 안팎으로 변화가 휘몰아치던 격변기였다. 안으로는 세도 정치로 인한 탐관오리들의 전횡으로 삼정의 문란이 극에 달해 민생이 도탄에 빠지고 홍수·지진·역질 등이 창궐하여 전국적으로 농민 반란의 양상이 나타나던 시기였으며 밖으로는 이양선의 출현과 천주교의 전래로 왕조 질서가 흔들리고 있었다.

안동 김씨가 계속 실권을 잡게 되는 배경에는 대왕대비인 순원 왕후의 입김이 강하게 작용했다. 순조의 비인 순원 왕후는 손자인 헌종이 후사 없이 죽자 조대비의 척족인 풍양 조씨 일파가 왕위를 세울 것을 염려하여 헌종의 7촌 아저씨뻘이 되는 강화 도령 원범으로 하여금 왕통을 잇게 하는 전횡을 저지른다. 철종은 영조 때 제주도에 유배되었던 은언군의 손자이기도 하다.

I. 이하전(李夏銓)

철종이 왕에 등극하기 전 영의정 권돈인의 지지를 받으며 왕위 계승 후보자로 주목을 받았으나 철종이 등극하고 권돈인이 추방됨에 따라 완창군 이시인의 아들인 이하전은 제주도에 유배되어 15일 만에 사약을 받고 죽는다. 헌종이 후사 없이 죽게 되자 일어난 사건으로 이 역시 궁중의 권력 투쟁에 종친이 희생된 하나의 예다.

II. 이명혁(李明赫)·염의영(廉義榮)

1853년 김수정이라는 사람의 모반 계획이 사전에 발각됨에 따라 이에 연루되어 이명혁은 제주목에, 염의영은 그의 아버지가 김수정의 모반 사건에 연루된 관계로 제주목에 관노로 유배된다.

김수정 사건은 "이씨 왕조가 다른 성에 의해 위협당하고 있기 때문에 신속하게 화근을 제거하지 않으면 안 된다"는 이유를 내세워 모반을 계획했던 것으로 안동 김씨 세도 정권의 막강한 힘과 독단에 대한 이유 있는 반항이었다.

III. 백낙신(白樂莘)

1862년 진주 민란의 직접적인 발생 계기는 경상 우병사 백낙신의 탐욕과 착취에 있었다. 백낙신이 민란이 일어나기 전 몇 년 동안 착취한 돈만도 약 5만 냥에 달했는데 쌀로 환산하면 약 1만 5천 석이나 되는 엄청난 액수였다.

게다가 당시 진주에서는 지금까지 지방 관리들이 불법적으로 축낸 공전이나 군포 등을 보충하기 위해 그것을 모두 결세에 부가시켜 해결하려 했는데 그 액수가 2만 8천 석에 축난 환곡만 해도 2만 4천 석이나 되어 농민 부담이 과중하였다.

이에 농민 봉기군들은 스스로를 초군(草軍)이라 부르면서 머리에 흰 띠를 두르고 진주성으로 쳐들어갔는데 그 수가 수만 명에 이르렀다. 이에 당황한 백낙신은 환곡과 도결의 폐단을 시정할 것을 약속했으나 농민군은 그를 놔주지 않고 죄를 묻는 한편 악질적인 아전 몇 명을 죽이고 원한을 샀던 토호의 집을 불태웠다.

6일 간 계속된 진주 민란은 23개 면을 휩쓸었고 120여 호의 집이 파괴되고 재물 손실이 10만 냥을 넘었다. 진주 민란의 원인 제공자인 백낙신은 '탐학불법죄(貪虐不法罪)'라는 죄목으로 처음에는 전라남도 고금도에 유배되었으나 처벌이 가볍다는 여론이 비등하여 제주도에 유배되었다.

"탐욕은 얻은 것을 다 삼키곤 입만을 크게 또 벌리는 것. 제 아무리 큰 은혜를 받을지라도 탐욕의 갈증은 더해만 가니 그 누가 끝없는 욕망을 제어하랴?" 하며 A. M. S. 보에듸우

스는 탄식했다. 그가 백낙신의 탐욕과 착취를 목격하고 이러한 탄식을 했을 리 만무한데 동·서양을 불문하고 백낙신과 같은 무리들은 어디서나 볼 수 있는 모양이다.

『법구경(法句經)』에도 "지붕을 성기게 이으면 비가 새는 것처럼 마음을 조심히 가지지 않으면 탐욕이 이것을 뚫는다"고 했다. 조심할진저. 야심이여, 탐욕이여, 그것을 섬기고 있는 자들이여. 그대 진정 조심할진저.

IV. 김시연(金始淵)

진주 민란 당시 전라도 감사로 있던 김시연은 민란의 정치적 책임을 물어 제주도에 유배되었다가 경기도 고양에 옮겨졌고 철종이 죽자 다시 제주도로 옮겨진다. 사람의 일생을 통하여 가장 명예스러운 일은 자기 책임을 다한 뒤에 오는 성공이라는 말이 있지만 김시연이야말로 자기 책임을 다하지 못했기 때문에 평생 불명예로 유배의 나날을 보낼 수밖에 없었다.

고종 시대

혼란 그리고 혼란

 안동 김씨 60년 세도 정치로 인한 왕권의 약화와 일본과 서구 열강의 압박 속에서 고종은 12세의 나이로 즉위를 한다. 그것은 곧 비정상적인 조선 말기의 정치 상황을 대변하는 것이었다.

 1863년 12월 철종이 죽자 조대비는 이하응의 둘째아들 명복을 양자로 삼아 익종의 뒤를 잇게 하고 자신이 수렴 청정을 하였다. 그리고 이하응을 흥선 대원군으로 봉하고 섭정의 대권을 그에게 위임시켰다. 이로써 고종을 대신한 흥선 대원군은 향후 10년 동안 권력을 쥐고 자신의 의지대로 정사를 운영하게 된다.

 국가의 존망이 위급한 시기에 정권을 잡은 대원군은 사색 당파를 초월한 인재의 등용, 비변사 폐지와 삼군부 부활 등의 국가 기구 정비, 재정 제도의 정비, 서원 철폐 등 각종의 개혁 정책을 추진하여 국가 체제를 재편성하여갔다. 그러나 다른 한편으로는 당백전의 주조로 인한 물가 앙등, 경복궁 중건을 위한 과중한 수취와 부역 등으로 사회적 민폐를 조장하기도 하였다.

이러한 대원군의 실정에 대해 이항로는 병인상소(丙寅上疏)를, 최익현은 무진상소(戊辰上疏)를 올려 폐단을 즉각적으로 시정할 것을 촉구하였다. 특히 1873년 최익현은 대원군의 폭정을 노골적으로 비판하는 이른바 계유상소(癸酉上疏)를 올렸는데 이 상소로 10년 집정의 대원군이 하야하고 고종이 몸소 정사를 다룸으로써 왕권의 회복을 가져오게 되었다. 이 상소로 대원군은 하야하였으나 부자간을 이간시켰다는 이유로 최익현은 제주도에 유배된다.

고종은 서세동점(西勢東漸)으로 표현되는 제국주의 시대에 전국민적 통합의 구심점 역할을 할 수 있는 유일한 인물이었다. 북으로는 러시아가, 서로는 청나라가 그리고 남으로는 일본이 조선을 노리는 상황에서 그나마 국가적 권위를 가지고 대처할 만한 인물은 그밖에 없었다. 하지만 그는 뚜렷한 주관과 일치된 방향으로 국가를 이끌지 못함으로써 급기야 외세에 의해 강제 퇴위당하고 끝내 나라를 빼앗기고 만다.

I. 심이택(沈履澤)

고종 즉위 후 암행 어사 이응하는 의정부 관내를 감사하다가 조선 말기 세도 가문의 하나인 청송 심씨의 후예로 당시 의주 판윤으로 있던 심이택이 지위를 악용하여 정부의 쌀을 가지고 고리대금을 하여 착복한 사실을 적발한다. 이에 따라 심이택은 종로에서 공개적으로 매를 맞고 1865년 제주도에 유배되어 1년 8개월을 머무른다.

그런데 유배가 풀린 이후 심이택은 오늘날의 서울 시장이라고 할 수 있는 한성 판윤까지 고속 승진하게 되는데 보통 사람들로서는 도저히 이해가 가지 않는 내용이다. 한 문제(漢文帝) 때 장무가 금전의 뇌물을 받은 것이 발각되자 그에게 도리어 상을 주었다. 부끄러워하는 마음을 갖게 하기 위해서였다는데 그렇다면 심이택에게 부끄러운 마음을 가지라고 한성 판윤에 임명한 것인가? 참으로 웃기는 작태일 뿐이다.

소망을 부정의 이익에 두고, 자연과 인간을 가소롭게 여기는 자를 일컬어 고리를 탐하는 자라고 단테의 『신곡(神曲)』에도 씌어져 있지만 도적질을 했음에도 불구하고 단행된 심이택의 고속 승진이야말로 그리고 그를 고속 승진시킨 당대 정치계의 부패야말로 소망을 부정의 이익에 두었던 몰염치의 작태들이라 하지 않을 수 없다.

김정희 같은 사람은 제주도 유배 기간에 연찬(研鑽)에 충실함으로써 긍정의 이익에 몰두하였다면 심이택은 몰염치한 작태를 궁리함으로써 부정의 이익을 도모하였던 것인데 오늘 우리는 어떤 이익을 갈망하고 있는가. 참으로 난감할 따름이다.

II. 정만식(鄭晩植)

1870년 8월 정만식·이필제 등이 모반을 용의주도하게 계획하였지만 사전에 적발되어 정만식은 제주도에 유배를 오게 된다. 조선 왕조는 5백 년 후에 망하고 새로운 정씨 왕조시대가 도래할 것이라는 내용이 실린 『정감록(鄭鑑錄)』에 의거한 사건이었다.

『정감록』은 조선 중엽 이후 민간에 성행하게 된 국가의 운명과 생민존망(生民存亡)에 대한 예언서로서 연산군 이래의 국정의 문란과 임진·병자의 양란, 그리고 이에 따르는 당쟁의 틈바구니에서 이씨 조선에 대한 민중의 신뢰감이 극도로 박약해지고 장래에 대한 암담한 심정을 이기지 못할 즈음에 당시의 애국자가 민중에게 희망과 위안을 주기 위하여 이씨가 결단나도 다음에 정씨도 있고 조씨·범씨·왕씨도 있어서 우리 민족의 생명은 영원토록 불멸할 것이라는 신념을 가지게 하려고 한 것이 이 책에 일관하여 흐르는 근본 정신이다.

1589년에 일어났었던 정여립 사건도 『정감록』이 배경을 이루고 있는데 이 사건과 관련하여 소덕유가 제주도에 유배를 왔다. 따라서 『정감록』과 관련하여 제주도에 유배된 사람으로는 소덕유·정만식 두 명이 되는 셈이다.

III. 최익현(崔益鉉)

최익현은 14세 때 화서 이항로 문하에 들어가면서 정식으로 공부를 시작하였다. 이항로는 한말의 대유학자로 유림들에게 큰 존경을 받던 인물로서 제자들에게 특히 성리학의 명분론과 존왕양이(尊王攘夷)의 춘추의리(春秋義理)를 강조하였다. 당시는 조선의 성리학적 사회 질서가 파괴되어가는 시기였는데, 그는 제자들에게 척사위정에 의한 전통 회복과 창의호국할 수 있는 정신적이며 실천적인 교육을 강조하였다. 그러므로 최익현의 사상은 척사위정이 바탕일 수밖에 없었으며, 자연스럽게 민족 자주권의 회복과 구국 항일 운동으로 승화될 수 있었다.

1873년 대원군의 폭정을 노골적으로 비판한 계유상소로 결국 대원군을 하야시켰지만 부자간을 이간시켰다는 이유로 제주도에서 1년 3개월을 보내게 된다. 최익현은 지금의 제주시 칠성통 윤규환의 집을 적소로 정하고 특히 송시열의 글에 깊이 빠졌는데, 제주 향교에 간직된 『우암집(尤菴集)』을 빌려 깊이 몰두하면서 송시열의 공로가 홍수를 다스린 중국의 우왕보다 월등하다고 찬양하였다.

제주도에서 최익현은 안으로는 송시열에게 몰두하였고 밖으로는 한라산에 깊이 매료되었다. 후일 유배중 가장 큰 소득이야말로 한라산 유람이었노라고 친구들에게 누누이 강조했다. 마치 소동파가 혜주에 유배되었을 때 여러 지기들과 백수산(白水山)을 유람하였듯이 최익현 역시 1875년 3월 27일을 택해서 청장년 10명 그리고 하수인 5, 6명을 데리고 한라산 등정에 나섰는데 이기온이 길 안내를 맡았다.

등정길에 지금의 제주시 연동에 있는 방선문에 이르러서는 다른 사람들이 돌에 새겨놓은 마애명(磨崖銘)을 보고 최익현도 "방선문(訪仙門)"과 "등영구(登瀛邱)"라는 여섯 자를 새기기도 하였다. 최익현은 한라산 유람 소감을 다음과 같이 적고 있다.

이 산은 뿌리가 400리에 서려 있고 높이는 1,000척이나 되어 5월에도 눈이 녹지 아니하며 맨 꼭대기의 백록담은 신선들의 무리가 내려 노는 곳으로서 비록 갠 날이라 할지라도 하얀 구름이 항상 뭉치는데 세상에서 영주라고 하여 삼신산의 하나로 세는 곳이다. 철쭉이 좌우에 나란히 심어져 있으니 한창 봉오리가 예쁘게 맺힐 무렵이면 다른 세계를 보는 듯하다. 우연히 보니 가는 갈대가 숲을 이루어 맑은 기운이 사람을 엄습할 뿐 아니라 질펀한 광경은 바라볼 만하다. 동서쪽에 절벽이 있어

띠 모양을 이루고 바위 같은 것이 바깥에 나와 모질게 얽힌 모양들이 우뚝하게 돌출한 채 수십 척이 될 만한데 이것을 삼한의 유적터라고 하나 증거할 수가 없다. 가는 시내가 위로부터 흘러내려 흔적을 이룬 것을 발견하고 이것을 돌아서 올라가니 구름이 쌓여 가파르고, 구살잡목이 위는 누워 있고 옆으로 이어졌는데 머리를 숙이고 엎드려 몸의 위태로움, 땅의 높음도 모르고 약 6, 7리쯤 가다가 비로소 높은 봉우리를 보니 흙과 돌이 서로 섞여 평평하지도 않고 비탈지지도 아니하여 원만하고 풍성하고 두터우며 가까이 있는 액상(額上)에는 초목이 나지 않았고 다만 푸른 이끼와 덩굴향 따위만 돌 표면에 덮여 있어서 앉고 누울 수 있으며 높고 밝고 광활하여 바로 해와 달과 곁하고 비바람을 멍에할 수 있어 의연히 세상을 버리고 속세에서 벗어난 듯한 마음이 있다. 북벽 움푹 파인 곳에 이르러 아래를 굽어보면 봉우리가 홀연히 가운데가 터져 웅덩이 아래가 구덩이가 되었는데 이것이 곧 백록담이다. 둘레가 1리 정도가 될 만하고 네 변이 담담하여 반은 물이고 반은 얼음이며 얕은 곳은 옷을 걷고 들어갈 만 하고 깊은 곳은 매우 맑아 한치의 티끌도 간섭하지 못한다. 만약 주변 산세의 높고 낮은 곳이 고르게 될 수 있다면 참으로 천연적인 성곽이 될 수 있을 것이다. 대해에 지주가 되어 나라에 있어서 3천 리의 수구 한문이 되니 외적이 감히 엿보지 못하고 산진(山珍) 해착(海錯)이 이로 말미암아 많이 나오며 공경대부와 사서(四庶)의 일용에 수요되는 것과 경내 6, 7만 호가 밭을 갈고 우물을 파서 생업에 종사하는 것을 또한 여기서 취하여 충족시킬 수 있으니, 그 혜택과 공리의 국민과 국가에 미치는 바가 또 어찌 저 지리산 금강산이 다만 관람 완상에만 자하는 것과 함께 말할 것인가.

최익현의 한라산 길 안내를 맡은 이기온은 광해군 때 인목대비 폐위를 반대하다 유배를 왔던 이익의 후손이다. 최익현과 이기온의 만남을 기리는 유적으로 문연사(文淵社)가 있는데 1931년에 만들어진 이곳은 최익현과 이기온을 추모하여 매년 정월 중순에 제사지내는 제단으로 제주시 오라리 2951번지에 소재하고 있었지만 1977년 도시 계획으로 이설되었

북제주군 군청 앞에 있는 문연사의 자취를 기리는 비석. 주변에는 최익현이 심은 나무가 고목을 이루고 있다.

다. 제주도 북제주군 군청 앞에는 최익현이 직접 식수한 나무가 고목을 이루고 있으며 이기온이 최익현을 사모하여 돌에 새긴 "사장수포단배(師長樹抱旦拜)"라는 글이 지금도 남아 있다.

최익현의 위정척사 정신은 이기온의 아들인 이응호에게 이어져 제주도 항일 비밀 결사체인 집의계(集義契)를 결성하는 계기가 된다. 김좌겸·김병로·김병구·김이중·서병수·고석구·김석익·강철호·강석종·임계숙·김기수 등 12명이 의기투합했던 단체로서 외세의 도전에 의해 조성된 주체성의 위기에 대한 대응 문제를 모색했던 당대 제주도 지식인들의 모임이었다.

또한 최익현은 제주도 의병 운동을 촉발시키는 계기를 마련한다. 제주 의병 운동은 제주도에서 해배된 뒤 태인에서 거병하여 전라도 지방을 휩쓸다가 순창에서 일본군에게 잡혀 대마도에 끌려가 분사한 최익현의 순국과 고종의 퇴위 그리고 군대 해산 소식에 자극을 받은 제주 지식인들이 1908년에 일으킨 운동이다.

개항과 침투

대원군이 정계 일선에서 물러나고 고종의 친정이 시작되

자 정권은 왕비 민씨의 친족들이 장악하게 된다. 민씨 친족들은 대원군이 취했던 강력한 쇄국 정책과는 달리 안으로는 일부 세력의 대외 개방 여론과 밖으로는 운요호 사건 이후 무력 시위를 하고 있던 일본의 국교 요청을 받아들여 1876년 일본과 강화도에서 병자 수호 조약을 맺는다.

개항 이후 일본의 정치적·경제적 침투가 가속화되자 국내에서는 개화파와 수구파의 대립이 심각한 양상으로 치닫기 시작했다. 1881년 황준헌이 『조선책략』을 유입하여 반포한 사건을 계기로 수구를 주장하던 위정척사파는 마침내 척사 상소 운동을 일으켜 민씨 정권을 규탄한다. 이 척사 상소를 두고 '만인소(萬人疏)'라고 하는데 이 상소를 기초한 김평묵은 이에 연루되어 제주도에 유배된다.

I. 김평묵(金平默)

최익현처럼 화서 이항로의 문인으로 1881년에 제주도에 유배되었다가 다음해에 풀려난다. 그는 일찍이 최익현이 제주도 유배에서 풀려나자 "굴원은 상강에 빠져 죽었는데 최군은 살아 돌아왔다"고 기뻐했었던 가까운 친구였다.

조선조 정치 체제가 대내외적으로 심각한 도전에 직면하여 중대한 역사적 전환점에 처해 있던 1860년대부터 학문적·사상적으로 성숙한 활동을 했던 성리학자이며 정치 사상가로서 조선 후기의 척사론의 최종적인 이론적 집대성자였다. 그는 서양의 도전에 대응하는 방법론으로 유교 정치 이념의 근본에 따라 먼저 군주가 각성하여 민본주의적 정치를 충실히 하면 백성은 국난에 처해서 나라를 위하여 헌신할 것이라고 역설하였다. 결국 외세의 요구를 받아들인다면 역사에 대해 죄인이 되는 것을 면하지 못할 것임을 주장한 것이다.

II. 백낙관(白樂寬)

'만인소'를 계기로 개화를 반대하는 여러 상소들이 잇따랐지만 모두 묵살이 되자 백낙관은 상소를 미리 써가지고 당시 통신 수단인 봉화대가 있는 남산에 올라가 군졸들을 따돌리고 봉화를 올리는 데 성공하여 서울 장안을 놀라게 한다.

봉화 사건으로 의금부에 감금된 백낙관은 문초에도 불구하고 자신의 척사 소신을 강력하게 피력하였는데 대원군의 사주에 의한 것이라는 모함을 받기도 하였다. 1882년 임오군란으로 구출되었지만 왕명이 없이는 나갈 수 없다고 하여 스스로 감옥에 들어갔다. 다음날 전권을 쥐게 된 대원군에 의해 정식 석방 명령을 받고 풀려났지만 그해 8월 김재봉의 상소로 서울로 압송되어 10월 제주도에 유배된다.

제주도에서 그는 스스로 죄인을 자처하면서 외부와의 접근도 일체 피하고 오로지 독서와 사색으로 나날을 보내다가 유배된 지 9개월 만인 1883년 6월 의금부로 압송되어 혹독한 신문을 받고 범상부도죄(犯上不道罪)라는 이름으로 8월 서소문에서 처형당한다.

III. 이태현(李泰鉉)

황해도 봉산 군수로 재직중에 뇌물을 받고 공금을 횡령하는가 하면 가혹하게 세금을 거두어들이며 무리하게 재물을 빼앗은 죄로 1877년 제주도에 유배된 이태현은 1년 반 정도 있다가 친위대 대장으로 영전한다. 앞서 몰염치한 작태를 궁리함으로써 부정의 이익을 도모하였던 심이택의 경우와 매한가지다.

원래 조선 시대 뇌물죄 처벌은 오늘날의 특정경제범죄가중처벌법죄보다 열 배는 엄했다. 그런가 하면 뇌물죄를 범한 관리들의 명단인 '장안'에 이름이 실리면 그 후손은 대대로 벼슬길이 막혔다. 사정이 이러함에도 불구하고 뇌물은 조선 시대만이 아니라 오늘도 여전하다.

옛날부터 "쇠 먹은 똥은 삭지 않는다"고 뇌물의 효과를 말하는가 하면, 천금불사 백금불형(千金不死白金不刑)이라고 천 금을 쓰면 죽을 것을 면하고 백 금을 쓰면 받을 형벌도 안 받는다며 뇌물만 있으면 무슨 일이나 다 할 수 있음을 얘기하곤 했다. 이태현이나 심이택은 뇌물 때문에 유배되기는 했지만 더 큰 뇌물로 영전을 했을 것이다. 그들만큼 뇌물의 생리를 잘 아는 사람도 드물었을 것이다.

뇌물의 생리상 그것을 준 사람들은 그것을 받게 되어 있다. 부처님을 위하여 불공 드리는 것은 아니기 때문이다. 남에게 뇌물을 줌은 그를 위함이 아니라 자기의 희망을 위하는 것이다. 고위 공직자들의 뇌물 수수가 문제되는 이유도 뇌물의 생리 때문이다. 『플루타르크 영웅전』에서도 "유권자에게 유흥과 뇌물을 제공하는 버릇을 처음으로 시작한 자가 나라를 망쳤다고 한 것은 지당한 말이다"라고 했는데 그들은 유권자들에게 뇌물을 주고 고위 공직자가 된 다음에는 또 더 큰 뇌물을 받는다. 이로써 나라가 망치게 하는데, 조선의 패망 이유 가운데 하나도 이태현이나 심이택과 같은 작태 때문이었다.

국권 위기

조선 조정이 배일·친러 정책을 실시하여 일본군을 조선에서 몰아내고자 하자 이에 위기감을 느낀 일본은 1895년 3월 대러 관계를 주도하고 있던 명성 왕후를 시해하고 친일 세력으로 하여금 조정을 장악하게 하는 을미사변을 일으킨다.

을미사변 후 신변에 위협을 느끼고 있던 고종은 은밀히 러시아와 내통하고 1896년 2월 러시아 영사관으로 몸을 옮기는 아관파천을 단행한다. 친러 내각이 집권하면서 열강에 많은 이권이 넘어가는 등 나라의 위신이 추락하고 권익을 잃어 국권의 침해가 심해진다. 이에 독립협회를 비롯한 국민들은 국왕의 환궁과 자주 선양을 요구하기에 이른다.

이 같은 여론에 밀려 고종은 1897년 2월 아관으로 떠난 지 1년 만에 환궁하여 국호를 대한 제국으로 고치고 황제에 올라 연호를 광무라 칭한다. 친러 내각은 민비 시해의 음모를 사전에 알고서도 방관했다는 이유로 1897년 김윤식을 탄핵하고 제주도에 유배 보낸다.

I. 서주보(徐周輔)·정병조(鄭丙朝)·김경하(金經夏)·이범주(李範疇)·이태황(李台璜)

아관파천을 단행한 고종은 친러 정권을 수립하여 친일 내각의 요인들을 역적으로 규정지으며 단죄를 했는데 이때 서주보·정병조·김경하·이범주·이태황이 제주도에 유배된다.

민비 일파의 친러적 세력을 없애고 자신의 세력을 키우기 위하여 일본 공사 미우라 등이 일으킨 을미사변으로 유길준 등 친일파를 중심으로 제4차 김홍집 내각이 수립된다. 새 내각에서는 모든 방면에 손을 대어 음력의 폐지, 종두법의 시행, 우편의 개시, 건양 연호의 사용, 단발령의 시행 등을 급진적으로 추진하였다. 그러나 민비의 참변과 단발령은 민심을 크게 흔들어 각처에서 의병이 봉기하였으며 결국 아관파천의 계기를 마련하였고 고종은 이를 계기로 친일 내각의 요인들을 제주도에 유배 보내게 되었던 것이다.

이들 가운데 정병조와 서주보는 김윤식이 유배를 와서 시회 '귤원'을 만들자 회원으로 동참한다. 정병조는 중추원 촉탁으로 조선사 편찬에도 깊이 간여하였으며 시문에 조예가 깊고 서도에 매우 능한 학자였다.

II. 이근용(李根溶)·김낙영(金洛榮)·김사찬(金思燦)· 장윤선(張允善)·이용호(李容鎬)·한선회(韓善會)

고종의 아관파천으로 세력을 잡게 된 친러 정권에 불만을 갖고 있던 일련의 세력들은 1897년 11월 11일 비밀 회합을 갖고 독립협회가 독립문의 기초를 세우는 축하식날을 계기로 군사 쿠데타를 일으킬 것을 모의하지만 이 음모가 사전에 발각됨에 따라 이근용·김낙영·김사찬·장윤성·이용호·한선회 등이 제주도에 유배된다.

이들 가운데 이근용은 유배에서 풀려난 후에 반동적인 황국협회를 결성하여 민회 지도자들을 대거 구속하는 데 앞장을 선다. 또한 김사찬·이용호·한선회는 김윤식이 유배되면서 시회 '귤원'을 만들자 회원으로 동참한다.

III. 김윤식(金允植)

 김윤식은 한말의 대표적인 지식인으로서 역사적 격변기에 고통스런 삶의 모습을 보여주었던 인물이다. 일반적으로 김윤식을 온건 개화파로 지목하듯이 그의 행동 궤적은 급진 개화파로 불리는 일파와는 다른 성향을 보여주었으며 청나라와 연계선상에서 그 역할을 수행하였다.

 김윤식을 위시한 온건 개화파는 집권층에서 소외된 가문의 장년층으로 보수 성향이 강한 인물들이었다. 이들은 청의 세력에 편승하여 갑신정변을 좌절시킴으로써 수구파에 일조하고 1880년대 후반과 1890년대초에 걸친 청의 종주권 강화와 보수파의 반동세를 가속화시키는 일들을 했다.

 이러한 와중에서 행정 관료로 있던 김윤식은 1896년 아관파천에 따라 친러파 내각이 성립되자 민비 시해의 음모를 사전에 알고서도 방관했다는 탄핵을 받고 1897년 제주도 종신유배에 처해졌지만 제주도 민란이 확대되기 전인 1901년 6월까지 유배 생활을 하게 된다.

 김윤식의 제주 유배 생활 가운데 관심을 끄는 것은 시회 '귤원'의 모임과 활동이다. 시회는 1898년 4월 22일 김윤식의 적소에서 첫 모임을 가진 이래 유배인 7명, 제주도 거주 육지인 논객 5명 그리고 10여 명의 제주도 사람을 회원으로 해서 그해 그믐까지 20여 회에 걸쳐 시작 활동의 모임을 가졌다.

애초 유배인들이 무료를 달랠 요량으로 추진하였던 이 모임에는 점차 시문에 관심을 가진 제주도 사람들도 가입하여 시작 활동에 함께 참여함으로써 결과적으로 제주도 문화 개발의 기폭을 마련하는 계기가 된다. 이 모임은 조선 후기 제주도 위항 문화 운동을 계승하는 성격이 강하였으며 근본적으로 김윤식의 지원에 의해 이루어진 것이기 때문에 개화 사상의 본류를 제주도에 확산시키는 매개 역할을 수행하였다. 시회를 통해 김윤식과 교분을 가졌던 제주도 사람 10여 명은 후일 박영효가 유배를 오자 그와 또 교분 관계를 형성한다.

김윤식은 당대 고위 정객이었기 때문에 제주도에서 융숭한 대접을 받았다. 적소로 머물렀던 제주도 사람 김응빈의 집을 찾았을 때의 느낌을 그는 다음과 같이 적고 있다.

여러 채로 된 집은 텅 비고 넓어서 화려하며 책갑과 탁자도 깨끗하다. 뿐만 아니라 꽃과 나무의 뜰도 있어 산책을 즐길 수도 있다. 주인은 각별히 잘 대접해주며 음식도 풍부하고 정갈하여 입에 맞다. 죄다 번화한 서울의 재미와 다를 게 없어 유태인이라는 신분을 돌아볼 때 너무 분에 넘치는 것 같다.

당시 제주도 대부분의 주민들은 약간의 자작과 거개 소작으로 살아가고 있었다. 따라서 지주와 임노동층은 거의 존재하지 않았고 대부분 빈농층으로 수산업·목축업, 기타 부업을 겸하여 생계를 유지하였다. 따라서 이러한 상황에서 김윤식을 받아들였던 토착 양반 김응빈의 힘과 그 의도를 짐작하기 어렵지 않다. 김응빈은 김윤식이 주도하였던 시회 활동에도 참여하였다.

김윤식이 주도한 시회 활동에 적극 참여하였던 다른 제주도 사람 홍종시 역시 당대 대표적인 제주도 토착 양반으로서 김윤식이 "첫 대면 때 집에 많은 서화를 갖추고 있어 가히 그 풍아(風雅)한 인품을 알 수 있었다"고 술회하였는데 이렇듯 제주도 토착 양반들은 고위 정객 출신의 유배인들과 깊은 교류를 맺었고 그것은 결국 토착 양반들의 기득권 관리에 적잖은 도움으로 작용하였다.

순종 시대

무력 강점

1907년 헤이그 밀사 사건 이후 일본은 고종을 강제로 퇴위시키고 순종을 조선조 제27대 임금으로 등극케 한다. 일본에게 외교권을 빼앗겨 독립국으로서 실권을 가지지 못한 채 즉위한 이후 순종은 일본의 압력에 밀려 별다른 정치적 능력을 발휘하지 못한 채 군대를 해산당하고 사법권을 강탈당하는 등 숱한 수모를 겪는다. 특히 데라우치(寺內正毅)가 총독으로 부임하면서부터 야욕을 더욱 드러내자 각지에서 나라가 망함을 통탄하고 대신들의 무능을 비난하며 암살을 기도하기 시작했는데 1909년 10월 이토오(伊藤博文)가 암살되고 12월 이완용이 습격을 당하는가 하면 1910년에는 데라우치 암살 미수 사건이 터진다. 일본은 친일 매국노를 앞세워 1910년 한일 합방을 단행하고 한반도를 무력으로 강점해버린다.

I. 박영효(朴泳孝)

박영효는 고종의 사위로서 1884년 김옥균 등과 함께 갑신정변을 일으켰다가 실패하고 일본으로 망명, 그뒤 귀국하여 김홍집 내각의 내부 대신이 되었다가 고종 폐위 음모로 다시 일본으로 망명, 1907년 귀국하여 용서를 받고 이완용 내각의 궁내 대신이 되었으나 대신 암살 음모로 체포되어 제주도에 유배되었던 당대의 거물 정객이다.

박영효가 유배되었을 당시 천주교 제주도 최초의 신부인 라쿠르 Lacrouts(具瑪瑟)는 제주도에 학교를 설립하려고 노력하고 있었는데, 박영효는 이것을 현실화할 수 있도록 힘을 실어줌으로써 제주도 최초의 근대 여성 학교인 신성여학교(晨星女學校)의 개교에 큰 역할을 하게 된다. 박영효의 도움에 대해 라쿠르 신부는 "관대한 한 분의 자발적인 협력 덕분에 제주에 여학교 설립의 가능성은 더 이상 공상이 아닙니다"라고 뮈텔 Mutel(閔德孝) 주교에게 보내는 편지에 쓰고 있다.

결국 박영효의 도움으로 제주도 최초의 근대 여학교인 신성여학교는 개교를 하게 되는데 이에 대해 뮈텔 주교는 1909년도 보고서에서 다음과 같이 밝히고 있다.

제주부에 있는 라쿠르 신부는 여학교 하나를 얼마 전에 설립하였습니다. 이 일에서 라쿠르 신부는 부유하고 영향력이 있으며 그 같은 일에 희사를 아끼지 않는 한 비신자의 도움을 받았는데 그는 선왕의 사위이자 전 영의정으로 정사에 진저리가 나서 스스로 이 섬에 은퇴하여 자기 나름대로 선한 일을 하고 있습니다.

박영효는 급진 개화파의 한 사람으로 일본 근대화 사상의 원조인 후쿠자와 유기치(福澤諭吉)의 사학 육성과 사학 중립론에 영향을 받아 "소·중학교를 설치하여 6세 이상 남녀로 하여금 모두 취교(就校) 수학(受學)케 할 것"주장한 바 있는 인물이었기 때문에 학교를 설립하려는 라쿠르 신부에게 기꺼이 도움을 줄 수 있었던 것이다.

라쿠르 신부의 입장에서 본다면 박영효는 학교 설립의 의지를 실현시켜준 사람이며 박영효의 입장에서 본다면 라쿠르 신부는 자신의 교육 계몽주의 사상을 실천하게 해준 사람이었기 때문에 피차가 실리와 명분을 교환한 셈이라고 할 수 있다.

김윤식이 주도했던 시회 활동에도 참여하고 박영효와도 교분을 맺었던 제주도 사람 최원순은 그의 딸 최정숙을 신성여학교에 입학시키고 부인을 천주교에 입교시킨다. 최정숙은 신성여학교를 1회로 졸업하고 3·1 운동시에는 옥고를 치렀으며 신성여학교가 폐교되자 제주도 여성 교육 기관의 중

흥을 목적으로 여수원(女修園)을 창설하는가 하면 해방 후에는 초대 교육감으로 봉직하는 등 제주도 교육의 산증인이 되었다.

이 밖에 박영효의 제주 유배 생활에서 주목을 끄는 활동으로는 원예 농사와 관련된 것이다. 제주도는 전체 경지 면적 중에서 간전이 차지하는 비중이 절대적이었던 지역으로 대맥과 조가 대표적인 작물이었다. 그런데 박영효는 제주도의 온난하고 강수량이 많은 기후 풍토 등을 고려하여 일반 농사보다는 특수 원예 농업이 적합하리라는 판단 아래 여러 가지 과수를 심고 원예 작물을 재배하였다. 이는 20여 년의 일본 망명 생활에서 보고 듣고 깨달은 결과였다.

감귤류를 비롯하여 감·비파·대추·석류 등 과수와 양배추·양파·토마토·무·당근 등 여러 가지 작물을 재배했는데 더러 실패하는 것도 있었지만 대체로 성공률이 높은 편이었다. 박영효는 재배에 성공한 작물에 대해서는 제주도 사람들에게 적극 권장하여 심도록 했으며 아울러 식생활의 개선도 강조했는데 이는 실생활과 관련된 가르침이었다.

박영효의 이러한 활동은 아직 농촌 개혁 운동 차원까지는 이르지 않은 것이지만 원예 작물의 권장을 통하여 제주도 전통 사회의 농업 구조를 자극했다는 측면에서 괄목할 만한 일이었다. 고립성과 특수한 자연적 조건에 기인한 제주도 농업의 전통적 모습이 박영효의 권장으로 원예 작물이 공존하는 이원적 구조를 이루게 되었다는 사실은 제주도 농업사에 큰 변화라 하지 않을 수 없다.

이 같은 맥락에서 박영효의 활동은 농촌 계몽 운동적인 성격을 띠었다고 볼 수 있다. 농촌 계몽 운동은 사회 교육의 고전적 양식 가운데 하나로서 특히 사회 개량 교육 개혁 운동의 주요한 흐름이었다. 즉 박영효는 유배 동안에 농촌 개량주의적인 개화 교학 활동을 하였던 것이다.

물론 제주도 사람들에 대한 계도는 원예 농사에 국한되지 않고 국운과 국제 정세 등의 시국관은 물론 근대 사상의 강론에 이르기까지 다양했다. 이에 공명하여 박영효의 주변에는 많은 제주도 사람들이 모여들어 학문적인 질의와 토론을 나누었다.

박영효는 그외에도 제주도 청소년들을 상대로 신학문을 소개하였으며 고자환을 양자로 삼아 교육을 시키기도 했다. 김윤식에 비해 박영효는 당대의 정치적 비중 덕에 여러 방면의 개화 교학 활동이 활발할 수 있었는데 이런 영향은 제주도 사람들에게 개화에 대한 이해의 새로운 지평을 열어주었다.

II. 이승훈(李昇薰)

1910년 12월 데라우치 총독이 압록강 철교 시공식에 참석하는 것을 기회로 그를 암살하기로 했던 안명근이 밀고자에 의해 체포됨으로써 이를 구실로 600여 명에 가까운 사람들이 검거되고 1912년 대표적인 인물 105명이 기소되는데 이를 두고 105인 사건이라고 한다. 이들 대부분이 신민회 회원들이었고 이 사건으로 결국 신민회는 해체된다.

도산 안창호의 독립협회 활동에 큰 감명을 받고 정주에 오산학교(五山學校)를 설립하여 민족 교육과 민족 독립에 일생을 바치고자 했던 남강 이승훈도 1911년 5월 신민회 사건으로 제주도에 유배되었다가 105인 사건으로 서울로 송치되어 4년 2개월 동안의 옥고를 치른다.

이승훈의 적거지는 현재 제주도 조천에 온전하게 보존되어 있다.

민족 교육의 산 증인이었던 이승훈의 제주도 유배 4개월은 3개월 만을 머물렀음에도 적잖은 영향을 끼쳤던 송시열의 경우와 마찬가지로 당대 제주도 사람들에게는 큰 감명이었을 것이다. 제주도에 있는 동안 이승훈의 생각은 역시 민족운동과 개화주의에서 잠시도 떠나지 않았다. 그는 아침에 일어나는 대로 손수 비를 들고 안뜰과 거리를 깨끗하게 쓸어 곧 주변 동네 사람들의 주목을 끌었다.

그는 어린아이들의 코를 닦아주고 옷고름도 매어주었다. 이 일로 하여 어린아이들의 부모와도 알게 되었는데 그들에게는 부지런히 일하는 것과 어려운 일이 있을 때 서로 돕는 것이 나라를 위하는 일이라고 설파하였다. 그리고 동네 청년들을 모아서 우물을 깨끗이 치우기도 하였다. 그가 온 이후로 동네가 확실히 깨끗해졌고 싸움이 없어졌으며 교회에 나오는 사람들의 수효가 늘었다고 한다.

J. W. 괴테의 "각자가 자기의 문 앞을 쓸어라. 그러면 거리의 온구석이 청결해진다. 각자 자기의 과제를 다하여라. 그러면 사회는 할 일이 없어진다"는 경구가 생각나는 대목이다. 이런 면에서뿐만 아니라 이승훈은 제주도 유배의 마지막 인물로 기록될 수 있는 사람이라는 점에서 또한 의미가 깊다.

■ 부록

본 책에 기술된 유배인 입도조 열람표

본관	성씨	파	입도조	입도 연대	비고
청주	한씨		한천	공양왕 4년(1392)	
김해	김씨	좌정승공파	김만희	공양왕 4년(1392)	
경주	이씨	익재공파	이미	태종 원년(1401)	
신천·곡산	강씨		강영	태조 2년(1402)	
고부	이씨		이세번	중종 15년(1520)	
전주	이씨	계성군파	이팽형	선조 30년(1596)	유배인 이덕인의 아들
김해	김씨	사군파	김응주	광해군조(1608~23)	
경주	이씨	국당공파	이익	광해군 11년(1618)	
밀양	박씨	규정공파 청제공파	박자호	인조 14년(1636)	유배인 박승조의 아들
수안	이씨		이시호	현종조(1659~74)	유배인 이지달의 아들
김해	김씨	회의공 김경서파	김예보	숙종 15년(1689)	

문지스펙트럼

제1영역: 한국 문학선

1-001 별(황순원 소설선 / 박혜경 엮음)

1-002 이슬(정현종 시선)

1-003 정든 유곽에서(이성복 시선)

1-004 귤(윤후명 소설선)

1-005 별 헤는 밤(윤동주 시선 / 홍정선 엮음)

1-006 눈길(이청준 소설선)

1-007 고추잠자리(이하석 시선)

1-008 한 잎의 여자(오규원 시선)

1-009 소설가 구보씨의 일일(박태원 소설선 / 최혜실 엮음)

1-010 남도 기행(홍성원 소설선)

제2영역: 외국 문학선

2-001 젊은 예술가의 초상 1(제임스 조이스 / 홍덕선 옮김)

2-002 젊은 예술가의 초상 2(제임스 조이스 / 홍덕선 옮김)

2-003 스페이드의 여왕(푸슈킨 / 김희숙 옮김)

2-004　세 여인(로베르트 무질 / 강명구 옮김)
2-005　도둑맞은 편지(에드가 앨런 포 / 김진경 옮김)
2-006　붉은 수수밭(모옌 / 심혜영 옮김)
2-007　실비 / 오렐리아(제라르 드 네르발 / 최애리 옮김)
2-008　세 개의 짧은 이야기(귀스타브 플로베르 / 김연권 옮김)
2-009　꿈의 노벨레(아르투어 슈니츨러 / 백종유 옮김)
2-010　사라진느(오노레 드 발자크 / 이철 옮김)
2-011　베오울프(작자 미상 / 이동일 옮김)
2-012　육체의 악마(레이몽 라디게 / 김예령 옮김)
2-013　아무도 아닌, 동시에 ~(루이지 피란델로 / 김효정 옮김)
2-014　탱고(루이사 발렌수엘라 외 / 송병선 옮김)

제3영역: 세계의 산문
3-001　오드라덱이 들려주는 이야기(프란츠 카프카 / 김영옥 옮김)
3-002　자연(랠프 왈도 에머슨 / 신문수 옮김)
3-003　고독(로자노프 / 박종소 옮김)

제4영역: 문화 마당
4-001　한국 문학의 위상(김현)
4-002　우리 영화의 미학(김정룡)
4-003　재즈를 찾아서(성기완)
4-004　책 밖의 어른 책 속의 아이(최윤정)

4-005 소설 속의 철학(김영민 · 이왕주)

4-006 록 음악의 아홉 가지 갈래들(신현준)

4-007 디지털이 세상을 바꾼다(백욱인)

4-008 신혼 여행의 사회학(권귀숙)

4-009 문명의 배꼽(정과리)

4-010 우리 시대의 여성 작가(황도경)

4-011 영화 속의 열린 세상(송희복)

4-012 세기말의 서정성(박혜경)

4-013 영화, 피그말리온의 꿈(이윤영)

4-014 오프 더 레코드, 인디 록 파일(장호연/이용우/최지선)

4-015 그 섬에 유배된 사람들(양진건)

제5영역: 우리 시대의 지성

5-001 한국사를 보는 눈(이기백)

5-002 베르그송주의(질 들뢰즈/김재인 옮김)

5-003 지식인됨의 괴로움(김병익)

5-004 데리다 읽기(이성원 엮음)

5-005 소수를 위한 변명(복거일)

5-006 아도르노와 현대 사상(김유동)

5-007 민주주의의 이해(강정인)

5-008 국어의 현실과 이상(이기문)

5-009 파르티잔(칼 슈미트/김효전 옮김)

5-010   일제 식민지 근대화론 비판(신용하)

5-011   역사의 기억, 역사의 상상(주경철)

5-012   근대성, 아시아적 가치, 세계화(이환)

제6영역: 지식의 초점

6-001   고향(전광식)

6-002   영화(볼프강 가스트/조길예 옮김)

제7영역: 세계의 고전 사상

7-001   쾌락(에피쿠로스/오유석 옮김)